思想觀念的帶動者

文化現象的觀察者

本土經驗的整理者

生命故事的關懷者

{ PsychoAlchemy }

啓程，踏上屬於自己的英雄之旅
外在風景的迷離，內在視野的印記
回眸之間，哲學與心理學迎面碰撞
一次自我與心靈的深層交鋒

# 目次

# 關於榮格傳記的一段往事

王一梁

一

我屬於那種埃德蒙·威爾遜（Edmund Wilson）式的評論家，為寫一篇幾千字的東西，會讀上幾十萬乃至上百萬的資料。感謝《遇見榮格》的責任編輯趙士尊先生，慷慨地給了我好幾個星期的寫作時間；由衷感謝王浩威先生鼓勵我多寫一點，使我得以將一些問題從容地表達出來。對我來說，假如我能清楚地表明本書作者貝納特所著的《榮格》是第一本榮格傳，那麼，眼前這本作為《榮格》底本的《遇見榮格：1946-1961談話記錄》便有了獨一無二的價值。

晚年榮格之所以同意嘉芙（Aniela Jaffé） 為自己寫一本「自傳」[1]，初衷就是誕生一本類似於艾克曼（Johann Peter Eckermann）寫歌德的《歌德談話錄》，但是，一波三折，這個願望卻最終落空了。然而，令榮格意想不的是，這麼多年以來，在一個毫不起眼的地方，卻早已存在著這樣的一本書。就像《泡利

---

1　【編註】即《記憶、夢和反思》（*Memories, Dreams, Reflections*），在台灣現行的中文版書名為《榮格自傳：回憶·夢·省思》，劉國彬、楊德友譯，2014年由張老師文化出版。

的夢》中仙女們說的那樣：「我們一直在那裡，只是你沒有注意過我們。」這本書就是《遇見榮格》。其中的每一個字都直接來源於榮格，都可以把它視為「榮格如此說。」

不過，為了表明《遇見榮格》的原創性，我首先得說明，《記憶、夢和反思》是一本榮格生前未看到最後定稿、死後才發表的書，不是「榮格自傳」。就像它的英文版1963年出版後，貝納特便立即指出的那樣：「這是一本非同尋常的書，也給評論家們出了一個很大的難題。許多人以為這是一本自傳，其實不是。」[2]。然而，就像貝納特所著的《榮格》（1961年第一版）一樣，還沒有聽到任何迴聲，便在《記憶、夢和反思》的巨大成功之中銷聲匿跡了。而貝納特的《榮格》一書，在沉寂了半個世紀之後，直到去年2018年才重新面世。

二

我早就知道《記憶、夢和反思》不是榮格的自傳，此外，這本書還存在著被篡改的問題，那麼，它是不是就像尼采的妹妹對尼采作品的那種篡改呢？這一直是個令我感興趣的問題。

在《查拉圖斯特拉如是說》中，有一則風格奇異的傳奇故事。無論是內容，還是文字，都與一本約1835年出版的航海日誌中一個航海員講述的故事一模一樣。難道是尼采剽竊了半個世紀前出版的這個故事？因為榮格碰巧讀過這個故事，就這個問題，榮格給當時還活著的尼采的妹妹寫了一封信。她回信告訴榮格，

---

2　E.A.Bennet：Jung's Inner Life. Sept.28.1693, Book Reviews. *British Medical Journal*.

在尼采十一歲時，確實讀過這本舊日誌。

許多我們小時候讀過的東西，隨著歲月的流逝被淹沒在記憶中，而在寫作過程中，又被當作自己的創作寫進了書裡。從我們已完成的譯本，嘉芙的《榮格的最後歲月》（*Jung's Last Year and Other Essays*），和目前正在翻譯的她另一本書《通向原型的夢與鬼魂》（An Archeoypal Approach to Death and Ghosts）看，嘉芙屬於那種鬼精靈型的女人，作為《記憶、夢和反思》的記錄者和編撰者，她完全有可能在某種程度上對這本書做過無意識的篡改。

在這段我所稱之為的讀書「煉金術」的日子裡，我越來越清楚地看到，儘管榮格同意採用第一人稱「我」，與他的秘書嘉芙一起合寫《記憶、夢和反思》（最早的書名是《榮格即興回憶錄》。嘉芙做榮格的艾克曼女士。）然而，從一開始，榮格就不把它當做自己的書，而把它稱為「嘉芙的工程」。

在1960年1月6日給艾瑪・珀萊的信中，榮格寫道：「我一直對自己發誓說，我一輩子都不會寫自傳。在這項工程中，我只是搬了一些磚頭；更正確地說，這是一本嘉芙寫我的傳記，其中幾篇是我為它撰寫的文稿。」

假如這本書本來就屬於嘉芙寫的「榮格傳」，是第二本榮格授權的傳記，那麼就不存在任何「篡改」的問題，存在的只有寫得好不好、真實不真實的問題。

三

《記憶、夢和反思》（以後簡稱「自傳」）是從1957春天開始寫的，榮格回答嘉芙的提問，嘉芙將之記錄下來，然後找出已發表的相關文章或手稿，將它們編織在一起，成為意思連貫的

可讀性作品。但是，這種傳統的撰寫傳記的方式卻突然中斷了。1957年年底的一個早晨，榮格對嘉芙說，他想自己寫早年的生活。這就是「自傳」中的前三章，完成於1958年4月。此外，榮格還為嘉芙的這本書寫了〈後期思想〉與〈非洲之行〉中肯尼亞和烏干達的部分。到1959年9月，榮格便寫完了所有為「嘉芙工程」寫的文章：達一百五十多頁，佔「自傳」的三分之一篇幅。

如果說，「自傳」中的大部分內容表現的是榮格的第一人格，借助於嘉芙對世界所說的話，那麼，在榮格自己寫下的這四章多的真正「自傳」裡，更多的則是榮格的第二人格在說話。可以簡單地把第一人格的話語理解為，那主要由對話構成。這就是為什麼嘉芙可以透過訪談與編輯舊文，幫助榮格去完成這部分的「自傳」。但是，它卻無法代表榮格的第二人格發言，因為，當一個人的第二人格說話時，往往採用的是獨白形式。說到底，第二人格的話語是世界本身的告白與我們對世界的禱文。

1959年1月，住到波林根鄉下別墅的榮格，每天早晨都仔細地審讀業已成形的章節，當讀到已編好的〈論死後生活〉時，他對嘉芙說：「它觸動了某種我內在的東西。坡道已經形成，我必須寫作。」所謂「內在的東西」，在這裡，指的是無意識和自性，也就是永恆的第二人格。所謂坡道，即意識與無意識之間的關係——要嘛往上爬，要嘛向下墜。

由榮格自己來寫他人生的最早期經驗與晚期思想，這好理解，尤其是當它們的主題還觸及到榮格的第二人格的時候，可是，為什麼榮格還會親自去執筆寫〈非洲之行〉中的部分章節呢？這看上去似乎有些令人費解。但只要知道，在榮格看來，他二〇年代在非洲遇到的非洲人還像原始人一樣，處於無意識之

中，與代表著理性意識的歐洲相比，非洲大陸就相當於集體無意識，這一切就變得容易明白了。在「非洲」的一章中，榮格「看到一個棕黑色人，一動不動地站在陡峭的紅色懸崖上；手撐長矛，俯視火車。」「我被這一幕迷住了：這是一幅完全不同於我外在經驗的陌生畫面，但另一方面，我又有一種強烈的sentiment du deja-vu（似曾相識的感覺）。我有種感覺，我曾經歷過這一刻。我一直就知道這個世界，只是時間把我們隔開了……」芭芭拉·漢娜（Barbara Hannah）在她所著的《榮格：其生平和著作》（*Jung: His Life and Work*）中，將這個棕黑色人視為直接代表著榮格的第二格：「他的第一人格和第二人格同時都活躍了起來。這個棕黑色的人，對他的第一人格說來是陌生的，因為在他的五十年生活中，從來沒有見過或遇到過類似這樣的人。但是他不受時間限制的第二人格卻透過無意識的層面，觸及到原始的祖先們。他感到一切都那麼自然，好像早就認識這個人，只是時間將他們分開了。」[3]

由於我們現在討論的就是「自傳」的擅改問題，因而，我盡量使用我手頭上已有的其他資源。關於非洲，在這本《遇見榮格》中，還有更多的描述：

他說，原始人是始終處於無意識中的。他在非洲與埃爾貢山的土著人在一起的時候，他讓他們做任何事，都必須用非常戲劇化的表達才能使他們明白。[4]

---

3　Hannah. Barbara：*Jung, his life and work*, Kindle.
4　《遇見榮格》：1952年1月15日。

原始人的行為方式……一切都浮在表面，一切都不隱藏，也無法隱藏。[5]

心靈中有許多東西都是我們不理解或尚未被發現的，這就是他去非洲、去印第安普韋布洛部落，以及去印度的初衷。他想去研究非洲原始人的心靈。[6]

可以說，榮格的非洲之行不是一般意義上的旅行，就是榮格所謂「如夢如幻的印度」之行也無法與它相提並論，因為，印度有自己已經成熟的東方文化，而非洲人卻一無所有，就像原始人一樣生活在集體無意識之中。因而，他寫「非洲之行」，就是在寫他與「集體無意識」、與「他的第二人格遭遇」的故事。

「在接下去的幾個月裡，一反常態，對已經寫好的章節，他從來沒有表達過任何意見，不管是正面的、還是反面的。」（嘉芙：《榮格的最後歲月》）「在接下去的幾個月裡，」當指榮格1959年9月寫完《非洲之行》以後的日子，因為到第二年的1960年年初，「自傳」就已全部完成。對榮格說來，他自己寫的「自傳」已經結束了，儘管「嘉芙的工程」還遠遠沒有結束。

## 四

現在，我們來看榮格自己寫的「自傳」開頭：

---

5　《遇見榮格》，1956年8月31日。
6　《遇見榮格》，1957年1月10日。

當我寫作時，總是有意無意地設想有一個聽眾站在我面前。而我的寫作始終都是寫給世界的一封信，因而，我找到了你們，我親愛的孩子們！站在禮堂第一排的孩子們。我想告訴你們，我是如何成長的，這意味著，我將從黑暗的記憶中，一點一滴地說起。[7]

　　這個開頭聽上去像童話一樣。孩子們的人生是從對古老的遙不可及的神話記憶開始的：這時候，心靈還沒有徹底擺脫中陰身，意識半明半暗，正在逐漸甦醒過來。這種童話式的寫作，符合榮格「一生發展心理學」的諸階段。然而，頗為意外的是，這段話在正式出版的「自傳」中卻被刪掉了，理由就是這個開頭童話意味太濃。尤其使人大跌眼鏡的是，這不是嘉芙無意識的「篡改」，而是有意識的刪節，並且，刪節者也不是嘉芙，居然是榮格作品的主要英文翻譯者赫爾（R. F. C. Hull）。最終的定稿就是我們現在看到的「當我六個月的時候，我父母親……」

　　赫爾不是「自傳」的翻譯者，這本書的翻譯者是溫斯頓夫婦（Richard and Clara Winston）。儘管赫爾非常想翻譯這本書，但因為正忙於翻譯榮格的鉅作《神祕的結合》（*Mysterium Coniunctionis*），同時，也由於他的譯文被認為過於正式，不適宜翻譯這本「有點直率，有時不免粗魯」（榮格語）的書。在這場「去老處女化」的過程中，他主要扮演的是調停者的角色。如果一直沿著榮格這種「有點直率，有時不免粗魯」的風格寫下去，「自傳」倒確實有希望成為一部別具風格的作品，在榮格卷軼浩

---

7　Sonu Shamdasani: Jung Stripped Bare: By His Biographers, Even, p.25.

繁的著作中獨樹一幟。熟悉榮格的人知道，即使在正式場合，譬如說在接受記者採訪時，榮格也喜歡不時地使用一些俚語。榮格從小是在鄉下長大的，按照格里・拉赫曼在《神祕榮格》[8]中的說法，有時榮格會使用「農民式的粗野語言」。顯然，在我們的無意識中，除了古老的文獻語言，我們還使用方言和俚語，或者乾脆就是罵山門！一個大家比較熟悉的著名例子就是「上帝拉屎」。那是榮格十一歲時，望著藍天下的大教堂，產生的上帝幻象：

　　我看見眼前的大教堂，天空蔚藍；上帝坐在他的黃金寶座上，高高地在塵世之上，在大教堂上拉屎；從寶座下，掉下一塊巨大的糞便。[9]

　　在出版的「自傳」中，刪掉了「在教堂上拉屎」，成了「上帝坐在他黃金的寶座上，高高地在塵世之上；從寶座下，掉下一塊巨大的糞便。」由於刪掉了動作過程的描寫，給我們的印像也隨之黯淡了下來。

## 五

　　在《榮格最後的歲月》裡，有一段描寫榮格旅行歸來後的歡樂心情：

8　Gary Lachman：*Jung the Mystic: The Esoteric Dimensions of Carl Jung's Life and Teachings*, Kindle.

9　同上。

一次由他的美國朋友福勒·麥考密克（Fowler Mccormick）開車，露絲·貝利（Ruth Bailey）小姐作陪的瑞士境內旅行，可把他樂壞了……回來後，他把我們的工作擱置一邊，對我繪聲繪色、津津有味地講述起一路上的所見所聞。

　　嘉芙描述這一段，是為了表明榮格即使到了生命的最後歲月，仍然非常熱愛生命：「久不消退的興致和生動的記憶，雄辯地證明了他過著一種非常健康的生活。」

　　嘉芙根本不知道的是，就在這次旅行中，赫爾和榮格之間已經達成協議：解決「自傳」手稿中「老處女化」（Tantifizierung）的問題。Tantifizierung是榮格根據Tante（姑媽或阿姨）杜撰出來的一個德語詞，在英文中，赫爾將它譯為Anntification，意思是將一個正常人變成刻板未嫁的老姑媽。我根據中文習慣將它譯為「老處女化」。與「老處女化」的刻板形象相反，榮格在「自傳」中試圖展現的，恰恰是自己率真、絕對誠實、親近隨和的一面。

　　1960年2月閏日（即，2月29日），榮格和福勒·麥考密克與露絲·貝利一起來到了赫爾當時住的地方。

　　赫爾寫道：「他說想和我談談。就『自傳』問題，他單獨與我談了一個多小時。從中可以看出，文本『真實性』的問題正在繼續爭議之中（直到那時，我還根本沒有見過任何文本）。他給我的印象是，他會盡最大的努力、堅持用自己的方式來寫（『有點率真，有時不免粗魯』），他不想讓這本書『老處女化』。」

　　「當你讀到文本時，你就會明白我的意思。」榮格說。

於是，赫爾問榮格：「我是否有權對庫爾特（出版商）提供給我的文本做『去老處女化』？」回答是肯定的。[10]

## 六

美國心理學家、作家艾倫·埃爾姆斯（Alan C. Elms），從八〇年代起，就開始研究「自傳」的各種刪改演變史。1991年，在蘇黎世的一個公寓裡，見到了幾乎雙目失明的嘉芙。那時候，嘉芙已八十八歲，生命行將結束。儘管身體虛弱，可是依然思想敏銳、口齒清晰。她回答了所有艾倫提的問題。可是她不明白，為什麼會有人想到要寫一部「自傳」史呢？因為她已經寫完全部了。

1994年，艾倫的書《揭開生活的真相》[11] 出版，其中，提出了究竟是誰讓「自傳」「老處女化」的問題：

在榮格、嘉芙、溫斯頓夫婦、赫爾、庫爾特、榮格幾個成年孩子及其配偶，再加上各種編輯和萬神殿叢書（Pantheon Books）的文字編輯之間展開了一系列的爭論。他們就什麼材料該放進榮格自傳中，什麼東西該被剔除，以及如何進行修改展開了激烈的爭論。每個對已編好的英譯稿提出實質性修改意見的人，都使用不同顏色的鋼筆或鉛筆：嘉芙將理查·溫斯頓交來的手稿用紅

---

10  Alan C. Elms：Uncovering Lives: *The Uneasy Alliance of Biography and Psychology*, p.57- 59.

11  Alan C. Elms：*Uncovering Lives: The Uneasy Alliance of Biography and Psychology*, Oxford. University Press，New York, 1994.

墨水加以修改；作為譯者的溫斯頓用黑墨水做修改；赫爾用紫墨水、文字編輯沃夫岡·索爾蘭德使用的是黑色鉛筆。[12]

　　從這裡可以看出，這裡的任何一個人都有可能使「自傳」「老處女化」，或者對「去老處女化」做出貢獻。最初，赫爾想到，對此負主要責任的人應該是庫爾克，因為他既是「自傳」的老闆，也是這本書的總編輯。後來又認為嘉芙該負主要責任。而榮格卻不這麼認為，他首先想到的是自己的家人：被孩子們刪掉的東西實在太多了！

　　托尼（Toni Wolff），首當其衝，被全部刪除。榮格給艾瑪的情書也被刪去了：「哪有發表自己父親情書的孩子！」孩子們抱怨道。格里·拉赫曼在《神祕榮格》[13] 裡，引用了迪爾德麗·拜爾寫的《榮格傳》裡的一個故事：在一次難得的家庭划船比賽中，作為獎勵，榮格獎賞他當時八歲的女兒一包餅乾。女兒很興奮，跑到艾瑪那裡說：「媽媽，法蘭茲的爸爸給了我一包餅乾。」法蘭茲是榮格的兒子，她不知道自己也是榮格的孩子。可見，榮格在孩子的心中有多麼陌生！附錄中本來有的「榮格家譜」也被刪去了。榮格死後的幾個月，榮格的女婿兼遺稿執行人沃爾特·尼修斯建議，將榮格描述青少年時期對宗教的懷疑整個一章全都刪去。他讓嘉芙把這一決定告訴杰拉爾·格羅斯。當這

---

12　Alan C. Elms：*Uncovering Lives:The Uneasy Alliance of Biography and Psychology*, p.59.

13　Gary Lachman：*Jung the Mystic: The Esoteric Dimensions of Carl Jung's Life and Teachings*, Kindle.

位萬神殿叢書的資深編輯看到嘉芙打來的電報時，嚇了一大跳，因為這樣一來，刪去的將有近二十頁。甚至有榮格的親戚建議，這樣的句子也得刪去：「我開始意識到，我們有多麼貧窮。我父親是個貧窮的鄉村牧師，我是一個更加貧窮的窮牧師的兒子：鞋子上有洞，在學校裡，不得不穿著濕襪子，一坐就是六小時。」

另外在榮格女兒的堅持下，刪去了榮格的母親患病住院的部分，她曾因婚姻上的不幸患病住院，長大後做了精神病醫生的榮格，對母親這次住院的診斷為：患上了神經性歇斯底里；還刪去了少年榮格能夠預知村里誰將會死去。這些刪節還好理解，但因為暴露榮格童年家庭的貧困便要刪去，那麼就會有無數類似的細節都將遭遇同樣的命運。最後，赫爾只好自己動手，行使榮格已經授予他的「去老處女化」的權力。但是，對類似於像「上帝拉屎」中「shit」這樣的字眼，赫爾卻無能為力。因為，在反對榮格使用粗話上，嘉芙站在榮格家族一方。甚至於就連庫爾特也一籌莫展，儘管他對榮格這樣的寫作風格贊不絕口，讀完前三章後曾對赫爾表示，一定要不惜一切代價保住它。現在，他開始向赫爾抱怨，榮格收不到他的信，因為，那時候所有給榮格的信都由嘉芙拆開、並由她代寫回信，除非是私人信件，但有關「去老處女化」的問題可不是私人信。

像這樣一眼就能看出被「老處女化」的地方還好辦，而那些被全部刪掉的部分，以後只要出一個足本問題就可以解決，難就難在那些不是一眼就能看得出的修正，尤其是來自嘉芙的修正。因為她既是最早榮格談話的記錄者，作為編輯，她也是這本書的最後完成者。

# 七

　　嘉芙是一個能惟妙惟肖地模仿榮格親筆回信的人。信寫完後，只要榮格在打印好的回信上簽個名，一封看上去像是榮格的親筆回信便誕生了。1955年底，榮格夫人艾瑪去世後，榮格就開始不看信也不回信了。根據《紅書》的編輯索努的說法，僅在蘇黎世聯邦理工學院藏書館（ETH）裡，就藏有兩萬多封[14]榮格寫的信件，其他還有不知道多少的信散落在民間。當時，正任職於蘇黎世榮格學院秘書的嘉芙做了榮格的私人秘書，主要就是讓她來為榮格看信寫信的。其中究竟有多少封信，從頭到尾都是嘉芙的傑作，這誰也說不清楚謎。

　　我們現在再回到榮格「自傳」中的前三章。在榮格自己寫的「自傳」英譯本中，它被叫為「從我生活中的最早經驗開始」（From the Earliest Experiences of My Life），到了嘉芙那裡，在她為「自傳」寫的「序」中，這三章成了「關於我生活中的早期事件」（On the Early Events of My Life）。最後「自傳」成書時，這兩個題目都沒有了，純粹變成了編年史式的寫法：第一章，「早年生活」；第二章，「中學時代」和第三章，「學生時代」。

　　這是一個幾乎沒人注意過的問題：「Experience」與「Event」有什麼區別呢？當「Experience」被翻譯為「經歷」的時候，它確實與「Event」（事件，事情）沒有什麼區別：人的一生不就是由一系列的事件構成的嗎？但是，當把它翻譯為半客觀、

---

14　Sonu Shamdasani: Jung and the Making of Modern Psychology, p.23.

半主觀的「經驗」、尤其是主觀「體驗」的時候，也就是說：人的一生除了在他身上發生的事情之外，還存在著人們對事情的主觀反應，而且，在榮格看來，比起客觀事件來，更為重要的是不同的人們對同一件事情的不同反應，就是同一件事對同一個人，在不同時期也會有不同的反應與看法。意義，既是客觀的也是主觀的。這時候，無論如何「Experience」是無法等同於「Event」的。就像「Reminiscence」（回憶）不同於「Memerry」（記憶）一樣，也就是說：嘉芙可以和榮格一起寫一部回憶錄，卻無法把榮格的記憶移植到嘉芙的大腦裡。

1960年5月25日，編輯部主任赫伯特・里德寫信給約翰・巴雷特，建議重新給「自傳」起個書名：「現在，這本書的書名好像應該是阿尼拉・嘉芙著：『回憶、夢和思想』──其中包括榮格為本書專門寫的幾章。」

在那時，使用的是「Reminiscences」（回憶），而不是現在所採用的「Memories」（記憶）──榮格著「記憶、夢和反思」（Memories, Dreams, Reflections by CG Jung）；阿尼拉・嘉芙記錄與編輯（Recorded And Edited By Aniela Jaffe）。

而在此之前，1960年4月15日，榮格給瓦特・尼修斯寫的信中說：「感謝你代表我為我的所謂『自傳』做的努力，我再次確認，我不認為這是我寫的。它顯然是嘉芙夫人寫的書……這本書的冠名應該是她的名字而不是我的名字，因為這本書不代表我自己寫的自傳。」

1960年11月29日和1960年12月13日，榮格與約翰・巴雷特分別在「《榮格全集》編委的決議」上簽名：

榮格始終認為，這本書不是他自己的著作；毋庸置疑，這是一本嘉芙女士寫的書。榮格寫的幾章，專為嘉芙女士的著作而寫。本書出版時，作者署名為嘉芙而不是榮格，因為它並不代表榮格寫的自傳。

其直接後果之一，就是「自傳」未被收錄進《榮格全集》。

## 八

1957年1月3日，一年多前，剛退休的英國醫生貝納特來到榮格在庫斯納赫特的家。晚飯後，他走進榮格已經為他準備好的書房。

榮格親切對他說：「你可以把它當做自己的房間用來寫作。」

這是榮格的內書房，就在榮格樓上書房的裡面。約有二十四乘以四十五英呎大，像這裡的所有房子、房間和樓梯平台一樣，也是鑲木地板。周圍放滿了書，書櫥沿著牆壁排列，像外面的主書房一樣，上面也放滿著煉金術的古籍書。這裡的窗戶上有三盞燈，每塊鑲著彩色玻璃窗的最上面都畫著一個宗教主題：左邊是被繩子捆住的基督，中間是基督受難圖。右邊，是基督與哭泣的瑪利亞在一起。

貝納特醫生有寫日記的習慣。更正確地說，他習慣於做筆記，把他認為是重要的談話或情景記錄下來。因為幾乎都是當天寫下的，因此，他的筆記看上去就像日記，但比日記更加詳細、主題也更加明確。

從蘇黎世聯邦理工學院藏書館（ETH）清單上看，貝納特

從1936年起，就開始把會見榮格時的談話記錄下來了。他寫道：「此刻，我正坐在一張大寫字台上寫作。」[15] 剛進來時，榮格指著寫作台上，一個長著鬍子的金像，說：「這代表著成佛之前的佛。」

「寫字台上，上面有一排檔格，用來放文具和零碎的東西。桌上有一張托尼·沃爾夫的照片。」這不是在貝納特的筆記中第一次出現托尼的名字，在「1950年9月12日，波林根」的筆記裡，貝納特曾寫道過托尼：「我與托尼·沃爾夫在露台上聊了一會。在我離開前，她讓我去吃午飯。」

多年來，托尼一直與榮格一家生活在一起。她去世於1953年，榮格夫人艾瑪於1955年去世。以前，他從未走進過這間內書房，不知道托尼的照片是什麼時候出現在這裡的。而他清楚地看到榮格夫人的照片，被擺放在一個落地式書架上，旁邊另一張是榮格夫婦的合影。

明天就要正式開始為榮格作傳了。榮格自己寫的「自傳」前三章，寫到1900年，隨著榮格學生生涯的結束也就結束了。明天，他要從榮格的第一份工作，在伯格霍茲里（Burghölzli）醫院的工作問起。

那時候，貝納特並不知道去年夏天，榮格和嘉芙已經約好，要以榮格為「第一人稱」寫一本看上去像「榮格自傳」的東西，這是有傳奇出版商美譽的庫爾特·沃爾夫的主意。赫爾是榮格著作的英文翻譯，共翻譯了四百萬多字的榮格著作，長期與美國人打交道的經驗，使他比任何人都清楚地看到庫爾特在這件事上的

---

15　《遇見榮格》：1957年1月3日。

生意眼。在他的《事件紀要》中，赫爾寫道：「從廣告效應上說，《榮格自傳》與由（名不見經傳的）嘉芙編輯的榮格『回憶錄』是完全不一樣的。不言而喻，前者必然是一本暢銷書，而後者則不然。」

那時候，貝納特並不知道一年後，榮格這個發誓一輩子都不會寫自傳的人，會一口氣自己寫了「最早期的經驗」的三章，而貝納特為寫《榮格傳》，向榮格提問的第一個問題，恰恰就是榮格在那裡停筆的地方。好像事先約好似的，與榮格寫的「前三章」銜接得天衣無縫：「說起他早期在伯格霍茲里的工作，榮格說，在他剛剛開始詞語聯想測試的觀察時，他就寫信告訴佛洛伊德，這些實驗為佛洛伊德的壓抑理論提供了臨床證明……」[16]

當然，反過來也可以這麼想：當1958年1月榮格寫完大學生活，開始寫伯格霍茲里醫院的工作時，突然想到這段生活已經在一年前曾和貝納特講過，覺得沒必要繼續寫下去了。與貝納特不一樣，嘉芙沒有行醫經驗，只能從蒐集到的材料中去寫榮格的醫學方面，而貝納特醫生本人除了是榮格學派在英國的主要宣傳者之外，他和佛洛伊德也有來往。

當榮格收到貝納特1956年9月5日寫的來信，聽說他想為自己做傳時，在10月10日的回信中，榮格寫道：「你知道，我的情況比較複雜，單靠一個傳記作家是無法把我寫盡的……因此，我希望你就像菲利浦（Howard L. Philp）那樣，他站在神學家的角度來寫我，而你則站在醫生的角度來寫。作為醫生，你會查閱患者的病歷，會問他問題，我也會像病人一樣回答你的問題。這樣，

---

16　《遇見榮格》，1957年1月4日。

你就可以按照你的思維習慣來思考，從而為多少懂點醫學的人勾畫出一幅我個性中可理解的方面。菲利浦確實勾畫出了我宗教的一面，同樣令人滿意。既然，我們都承認人的多面性，既有醫學的一面，也有神學的一面，那麼，不同的傳記作家根據自己的專長來寫，就最有可能寫得最為精確。儘管並不全面，因為要達到這種精神上的特殊的、綜合高度，便需要這個人同時精通原始心理學、神話、歷史、超心理學和科學，乃至需要有藝術創作的經驗。」[17]

　　這裡說到的菲利浦是個英國神學家，貝納特的朋友。榮格是在貝納特的家裡認識他的。「我見到了我曾在你家裡遇到過的菲利浦博士，對於他的神學或心理學問題，我還沒有徹底弄明白。」但是，後來，菲利浦以提問的方式問了榮格十幾個宗教方面的問題，榮格相當滿意，並將這篇文章以〈榮格與宗教問題〉為題目，收進了《榮格全集》。因而，榮格希望貝納特像菲利浦一樣，也同樣採用提問的方式：「而你則站在醫生的角度來寫……我也會像病人一樣回答你的問題。」

　　於是，在1956年12月7日的信裡，像菲利浦一樣，貝納特一口氣問了許多問題。12月10日，榮格回信說：如果都寫出來的話，太長了。你來我這裡住兩個星期吧。這樣，也就有了本文的開頭：榮格把自己放有托尼照片的內書房，讓了出來，供貝納特寫「榮格傳」使用。

---

17　1954年6月23日，榮格致貝納特的信。

# 九

　　那時候，榮格已不再拒絕別人寫他的傳記了，同時，他心裡也非常清楚，真正要寫出他的傳記，這個人必須「同時精通原始心理學、神話、歷史、超心理學和科學，乃至需要有藝術創作的經驗。」但是，沒有這樣一個人，至少眼下榮格還沒有遇見過這樣的人，所以，「單靠一個傳記作家是無法把我寫盡的。」這樣，為寫他的傳記，在貝納特已經展開了對他的一系列訪談之後，到了這年的春天，他還同時與嘉芙一起合寫「自傳」就變得容易理解——在這裡，不存在榮格欺騙嘉芙的問題，榮格只是渴望這個世界能夠全方位地理解他。

　　寫到這裡，我不禁感謝起命運的奇妙安排：貝納特與嘉芙都是在彼此不知道對方的情況下開始寫「榮格傳」的。等貝納特知道時，已經是1959年，他也已寫完了《榮格》的「前言」：

　　到喝茶時間，尼修斯女士來了，問起我的書。我告訴她，榮格說他自己已經寫了不少自傳了（我想起一、兩年前，他曾說過，寫他的生平不容易，或許正是這個原因促使他自己去寫）。她說，嘉芙女士打算出版榮格已寫好的部分。我給她看了我的前言。她說，我的角度與嘉芙女士非常不同，並催促我繼續寫下去。她說，我的作品更有男子漢氣概，即使還有人準備寫榮格的傳記，也不會妨礙我繼續寫下去。榮格已經看過前面的部分，他也認為寫得很好，角度正確。[18]

---

18　《遇見榮格》：1959年3月24日。

嘉芙是在貝納特的《榮格》出版後才知道的。1961年7月20日，庫爾特‧沃爾夫在一封信中，談到了阿尼拉‧嘉芙對於貝納特這本書的反應：「現在，他的書出版了，而自傳卻要在明年春天才會出版。阿尼拉感到被主人欺騙了。」

十

假如我們不知道貝納特是1956年9月才提出寫榮格傳的，或許會以為《遇見榮格》這本筆記從一開始就是為寫「榮格傳」做準備的。也許作者貝納特心裡就是這麼想的，只是時間還沒有成熟。有意思的是，8月，貝納特就住在榮格家裡，卻沒有提出來，而是回到家裡，通過寫信的方式間接地向榮格提出來，並且說，這是露絲的主意。

貝納特和露絲是兩個榮格最喜歡的朋友，這從1955年7月23日，榮格八十歲生日的家庭慶典中就可以看出，只有他倆是外人。「船上有三十八個人——有那麼多的孩子和孫子；還有兩個從庫斯納赫特來的小曾孫，他們太小，不能上船。在場的人中，只有露絲‧貝利和我不是榮格的家庭成員。」[19]

1955年11月23日，已是風燭殘年的八旬老人，悄然獨立風中，在蘇黎世中央車站等候著貝納特，而不久前，艾瑪還站在他的身邊。一見面，榮格便淒然地告訴他，艾瑪病了，所以他不能住在他家裡。往日，只要他去蘇黎世都是住在榮格家裡的——庫斯納赫特或波林根；榮格住哪兒，他就跟著住哪兒。

「不過，」榮格說：「你可以先去庫斯納赫家裡吃午飯，然

---

19　《遇見榮格》：1955年7月23日。

後住在尼修斯那裡。」尼修斯是榮格的女兒。

　　貝納特做過隨軍牧師，在軍隊裡當心理治療師的時候，官至準將。向以沉著、頭腦冷靜著稱。在這本私人筆記裡，唯一的一次，我見到他記錄下了自己的真情實感：「我為即將離開榮格感到惆悵，因為這是我拜訪榮格的經歷中最難忘的一次。榮格夫人囑咐我，明年二月份演講完以後，一定要和他們住在一起。」榮格也親切地說，「喔，再見！一定要再來喔。」[20]

　　榮格夫人死於1955年11月27日上午十點半。榮格跑到尼修斯家裡，告訴了貝納特這一消息，隨後和他道別。從《遇見榮格》中，看不到任何有關1956年2月的記載。當貝納特出現在庫斯納赫特時，已經是這一年的8月29日了。第二天，早餐時，好像已事先知道貝納特將會提出寫他自己的傳記似的，榮格對貝納特說起了寫他的傳記不容易。

　　榮格說，任何人想寫他的傳記恐怕都不容易。他說，這需要充分地理解他的思想，但沒人能夠完全理解。他說，佛洛伊德的一生可以被清楚地描述出來，因為他的思想脈絡清晰。而寫他（榮格）就要復雜多了，假如不寫他的思想發展，僅僅集中於他生平的話，那麼他的傳記就只是一系列瑣碎的小事，就會像不理解康德的作品，卻去寫康德的一生那樣。

　　在這一天的筆記裡，貝納特還記錄下了這樣一段情景：「午飯後，榮格和貝利小姐都小憩了一會兒。我坐在花園，今天的陽

20　《遇見榮格》，1955年7月28日。

光真是棒極了。」[21]

貝利小姐就是露絲。榮格夫人生前曾和她約定：無論是榮格先死，還是她自己先死，露絲都要答應，來她家照顧另一個未亡人。在榮格夫人去世不到一星期，，露絲便處理好自己在英國的事情，急忙趕到蘇黎世。從此，露絲就留在榮格家，當起了管家，一直陪伴到榮格去世。

十一

在《遇見榮格》中，貝納特詳細地描述了榮格是如何認識露絲·貝利小姐的：

他繼續談他的非洲之旅，就在那裡，他第一次遇見露絲·貝利。那是1925年……露絲和她妹妹與榮格乘的是同一條去非洲的船，兩姊妹將在內羅比與她妹妹的未婚夫見面……這次見面後，露絲與榮格及他的同伴相處了一段時間，直到榮格他們離開旅館。榮格一行向埃爾貢山走去，並在山腳下宿營。就在那裡，榮格收到一封烏干達總督寫給他的信，問他是否願意護送一位英國女士：她將從內羅比經蘇丹和埃及返程（這正好與他自己計劃的路線一致）。信中提到的人就是露絲。

榮格是在1925年第一次遇見露絲·貝利的。在《會見榮格》中，貝納特作了詳細的描述。從那時起，她一直保持與榮格一家的親密友誼。這次旅行的同伴有皮得·貝恩斯（Peter Baynes）和

---

21　《遇見榮格》，1956年8月30日。

喬治‧貝克威茨（George Beckwith）。福勒‧麥考密克本來打算一起去的，但沒有成行。露絲和她妹妹與榮格乘的是同一條去非洲的船，兩姐妹將在內羅比與她妹妹的未婚夫見面。不過，露絲不是在船上認識榮格的⋯⋯

晚上，旅館舉行舞會時，露絲趁機離開了那對新人，溜到附近的一家酒吧；榮格正坐在那裡研究地圖冊，她問他，假如不打擾的話，是否可以坐同一張桌子，以免顯得孤單。他說，「喔，當然可以」，說完繼續研究他的地圖冊。大約有一個小時，他一言不發，然後突然說，「你對地圖感興趣嗎？」她說，「是的，非常有興趣。」隨後，他談起他的旅行計畫，指給她看他們要去的地方。

這則筆記標明日期為「1957年1月10日」，我們應該認為是貝納特當天寫下的，因為次日，貝納特在筆記本上還記載了更多的東西：「1957年1月11日：榮格再次提到《無意識心理學》的出版⋯⋯」；「1957年1月12日：早上吃早餐時，榮格說起1902年他去巴黎的事。他從來沒見過沙可⋯⋯」

我對貝納特的「1957年1月3日到1月12日」的筆記字數做了統計，共一萬五千字。十日內，貝納特平均每天寫一千五百個字。榮格這次邀請貝納特來家住一段時間，目的就是為貝納特提供寫「榮格傳」的材料，我們沒有任何理由懷疑這不是當天記錄下來的，毫無疑問，這是一份可靠的記錄。

而據艾倫說，這一段「烏干達總督的信」，原先在英譯本的手稿中是沒有的。不知道是誰將這一段文字用不同的字體打印

後，插進了手稿裡。

那麼，到底是誰這麼做的呢？而且，又為何要這麼做呢？

艾倫寫道：「我認為這一段文字確實是榮格寫的，即使是阿尼拉‧嘉芙寫的，根據的也是榮格提供的材料。然而，不管是誰寫的，都一定程度上的編造。」[22] 接著，艾倫向我們講述了榮格與露絲在非洲的相識過程：

這個加入榮格非洲一行的英國女士是一個三十歲的單身女人，名叫露絲‧貝利。許多年後，她對榮格口述史的採訪者詳盡地描述了當時的情景。她的描述根據的是她非洲之行的日記。講的時候，她手裡就拿著這本日記。當她加入榮格一行時，不是『正途徑蘇丹返回埃及』，而是去看望她在肯尼亞的妹妹。探望完妹妹後，她打算從內羅畢乘船回英國。

這段陳述：「當她加入榮格一行時，不是『正途徑蘇丹返回埃及』，而是去看望她在肯尼亞的妹妹。」顯然不同於貝納特描述的「露絲和她妹妹與榮格乘的是同一條去非洲的船，兩姊妹將在內羅比與她妹妹的未婚夫見面。」艾倫認為，露絲是去看望在肯尼亞的妹妹，而貝納特講的是：露絲和她的妹妹一起去看望妹妹的未婚夫。到底是誰錯了？

我手上有一本露絲‧貝利的侄孫子大衛‧貝利寫的書：《英國女人和榮格》（Bailey. David，*The English Woman And C. G.*

---

22  Alan C. Elms：*Uncovering Lives: The Uneasy Alliance of Biography and Psychology*, p.65-66.

*Jung,* 2017)。其中詳細地講述了露絲和她妹妹去非洲的故事：露絲妹妹的未婚夫在非洲是個政府高官，無法來英國結婚，只好讓露絲的妹妹去非洲結婚。露絲的母親不同意，如果一定要去，那麼也要姊姊陪著去。儘管作者大衛把它當做一部小說來寫，但其中的情節都是真的。許多細節都是他從露絲那裡聽來的。1957年8月，露絲還邀請大衛全家一起去庫斯納赫特，見到了榮格，那時，露絲已經在榮格那裡當管家了。在寫作過程中，大衛說，他同樣也參考了露絲的《非洲日記》，還有2005年出版的布拉克‧伯萊森（Blake Burleson）寫的《榮格在非洲》（*Jung in Africa*）。

究竟是誰錯了？這是不言而喻的。現在的問題成了——那麼，艾倫自己為什麼會犯下這樣的錯誤呢？

「為什麼手稿中會出現這一段與事實不符的描述呢？或許年邁的榮格覺得欠露絲‧貝利太多，所以想在書中為她寫一點什麼。確實，在這本書裡留下關於她的筆墨比留給托尼‧沃爾夫的多。」艾倫這麼推斷是有一定道理的：將普通人寫進偉人的傳記裡，這是偉人給與普通人的最好禮物，也是最大的感恩。可能艾倫就是這麼想的。然後，艾倫就開始解釋榮格為什麼要歪曲事實：

探望完妹妹後，她打算從內羅畢乘船回英國。她加入榮格一行，並不是烏干達總督的安排，毋寧說是榮格本人熱情的招募。當榮格一行從英國前往非洲時，她與他們乘的是同一條船，到內羅畢時，他們更熟悉了。在埃爾貢山，她和榮格及其朋友們度過了幾星期的露營生活。

艾倫認為，假如露絲「加入榮格一行，並不是烏干達總督的安排。」那麼，榮格就可能有問題：「毋寧說是榮格本人熱情的招募。」──而這樣的「自傳」是無法通過榮格家庭審查的。

任何與榮格關係密切的女人，對於她們的過多渲染，對榮格家庭說來都是危險的，是一種禁忌。

但是，假如露絲與榮格一行一起走出非洲，是出於烏干達總督的安排，那麼榮格最後一路上都帶著露絲，也就成了在盡一個紳士該有的義務，是在完成烏干達總督的托負──這樣的描寫就讓人放心了。只有這樣寫，才有可能讓露絲避免像托尼那樣在「自傳」中全軍覆沒的危險。

然而，貝納特的《遇見榮格》恰恰告訴告訴了我們：事情的真相就是這樣。顯然，在這個問題上艾倫自己想多了。

## 十二

《遇見榮格》結束於1961年1月17日，這是貝納特最後一次見到榮格。幾個月後，6月6日，榮格去世。當天，貝納特接到露絲的電報，趕忙在已經印好的書上加上了這麼一行話：

榮格逝世於1961年6月6日，就在這本書發行的前幾天。

E.A.B

1961年6月6日

好像榮格也趕著要來看這部由老朋友寫的「榮格傳記史」上第一本傳《榮格》似的，在這本書的扉頁上，落款處寫的正是1961年6月6日。幾年後，嘉芙在《榮格的最後歲月》裡寫道：

「他死後的幾小時，下了一場暴風驟雨，閃電劈開了湖邊花園裡的一棵高大的白楊樹，他常常坐在那棵樹下。閃電嘶嘶叫著，沿著樹幹一直劈到地上，移開了矮牆沉重的石頭。」誰也不知道這一道閃電，幾點幾分劈開了蘇黎世的白楊樹？也無人知道貝納特又是幾點幾分，在倫敦寫下了這一行字。

即使被劈開的白楊樹與貝納特寫下的字不是發生在同一個時刻，但千真萬確，卻發生在同一天晚上。毫無疑問，這是一種有意義的多重巧合，在我看來，正是最不可思議的共時性現象，令人回味無窮。

寫於2019年10月21日至24日，曼谷
27日，於清邁定稿

榮格與貝納特，於波林根，1957。

本書是英國醫生貝納特在訪問瑞士的精神病醫生榮格期間記錄下來的私人筆記。它們為貝納特的著作《榮格到底說了什麼》（*What Jung Really Said*）提供了素材。這本書第一次以它原始的完整形式呈現給讀者，所記錄下來的貝納特──榮格談話錄，不僅澄清了許多心理學概念和思想，還見證了兩個人三十年來感人的友誼，以及他們對人類福祉共同的深切關注。

# 前言

　　1946年春，我的丈夫才在戰後（1939年爆發戰爭）第一次拜訪了榮格。他寫下的筆記，記錄了他們橫跨十四年的會面情況。這是一本非正式的筆記集，幾乎都是他當天記下的。而今這些事實與思想擴充為一本書，但其中的筆記並未做任何改動，也沒有任何事後的添加。為了擴充本書的內容，備註中增加了一些榮格的著作、書信及其他相關作品。

　　在整理這本書的過程中，我對所有對它感興趣的朋友們深表謝意，是他們促成了這本書的問世。尤其要對瑪麗─路薏絲‧馮‧法蘭茲（Marie-Louise von Franz）博士表示深深的感謝，她為本書撰寫了導論；感謝芭芭拉‧漢娜（Barbara Hannah）小姐，她閱讀了原始手稿，並核實了一些細節；感謝桃樂西婭‧沃利斯（Dorothea Wallis）有益的批評，也感謝約翰‧沃利斯（John Wallis）參與了編輯與策劃。

伊芙琳‧貝納特（Eveline Bennet）

1985年4月

# 導論

　　這裡呈現的筆記，是貝納特醫師在出版《榮格》[1]和《榮格到底說了什麼》[2]之前，他拜訪榮格期間記錄下來的。他是個富有洞察力的觀察者，對他與榮格見面時的氛圍極為敏銳，及時記下了他們的見面情況。這些筆記也見證了他們持續了近三十年的友誼。

　　愛德華・阿姆斯壯・貝納特於1888年10月21日生於鄰近北愛爾蘭阿爾馬郡的波因茨帕斯。他曾在貝爾法斯特的坎貝爾學院（Campbell College）接受教育，在都柏林的三一學院學習哲學和神學，並在那裡獲得了哲學榮譽學士的學位。在劍橋瑞德利堂學院（Ridley Hall, Cambridge）進一步深造之後，任職於英格蘭教會（Church of England）。一戰爆發後，作為隨軍牧師，他加入了北安普敦郡第六團。1915年，他獲得了M.C.卓越勇氣勳章。這一段從軍的經歷促使他又重返三一學院，並於1925年在此獲得了從醫資格；後來的1939年，他又從這個學院獲得了醫學博士學位。

　　自醫生涯開始，貝納特的興趣就在精神病學上。1925年，他遷居倫敦，任職於塔維斯托克診所（Tavistock Clinic）；他還曾就職於倫敦的西區神經系統疾病醫院（West End Hospital for Nervous Diseases）。有好幾年，他定期主持精神醫學的演講。他

---

1　E. A.Bannet, *C. G. Jung* (Barrie & Rockliff, London 1961).

2　E. A.Bannet, *What Jung Really Said* (Macdonald, London 1966).

的工作被認為是極大地體現了對人類痛苦的深切關懷，而這種品質，或許正是所有真正優秀的醫生所必須具備的基本品質。

在榮格自己寫下的回憶錄中，描述了在他學習生涯的最後階段，偶爾讀到克拉夫特・埃賓（Krafft Ebing）寫下的精神病學教科書的情景。當榮格讀到「精神病是人格疾病」時，他寫道：「我異常興奮……只有在這裡，我的兩種興趣愛好才能匯成一條河流，然後再一起去衝擊出各自的河床。這是一個生物學上和精神上的共通經驗領域，對我來說，終於能找到這個領域，真是『踏破鐵鞋無尋處』。在這裡，自然與精神的衝突成為一種看得見的現實。」[3]

這是西方哲學與宗教之間由來已久的分歧，但榮格卻在「心靈現實」這個科學的新維度中看到了它們的統一性。這種覺醒來之不易，因為他的醫學同事們很少有人能理解他對於宗教體驗的興趣，包括佛洛伊德；神學家和哲學家也不理解他對於神學和哲學觀念所持的經驗主義態度，即，用科學的方法對待神學和哲學。

貝納特醫師不僅具備神學和哲學背景，還擁有醫學知識，這讓他很容易理解榮格的這種科學態度，並倍加珍惜。他第一次遇見榮格是在三〇年代初期，從1935的塔維斯托克演講（榮格帶

---

3    出自《記憶、夢和反思》第三章〈學生時代〉（C. G. Jung, *Memories, Dreams, Reflections*, Chapter III, 'Student Years', p111.）。
【編註】《記憶、夢和反思》（*Memories, Dreams, Reflections*）在台灣現行的中文版書名為《榮格自傳：回憶・夢・省思》（劉國彬、楊德友譯，2014年由張老師文化出版），本書基於譯者於譯序裡所論及的理由（見p.20），採譯者原譯之《記憶、夢和反思》。

給聽眾巨大衝擊）時起，他就開始與榮格保持聯繫。之後的許多年，為榮格思想在英國的傳播做了大量工作。其中一些人因為受榮格思想的吸引而成為了追隨者，有些人則試圖「超越榮格」。相比之下，貝納特的態度來自於思想的內在發展。首先，他秉持了一個精神病醫生的本色，為每一個病人找出他認為最恰當的治療方法。但毫無疑問，他最有影響力的工作是：榮格學派的個人化個體心理治療。他的洞察力以及對人的善良、關懷，使他成為傑出的心理治療師。

然而，他與榮格的長期聯繫因第二次世界大戰中斷了。當時，貝納特作為一名精神病醫生，服役於印度兵團和第十一軍團，官至準將。在此期間，他養成了一種訓練有素的堅毅特質，而這正是心理治療師最重要的特質。戰後，他應邀任職於伯利恒皇家醫院和莫茲利醫院（Royal Bethlem and Maudsley Hospitals），1955年退休。1953年，他擔任英國醫學協會催眠分會（Hypnotism Sub-committee of the British Medical Association）委員；1954到1955年間，擔任精神治療委員會醫學分會（Medical Sub-committee of the Archbishop of Canterbury's Commission on Spiritual Healing）委員。1955到1961年，他還是毒品上癮委員會（Drug Addiction Committee of the B.M.A.）成員。1977年3月7日，貝納特去世。他的離世是他的朋友、同事和患者們的巨大損失，也是曾受過他影響的榮格學派的巨大損失。

下面的筆記，並沒有提供一幅榮格生活或思想的完整畫面，它們只是他日常生活、他的談話、他自然而然的活動和思想的曝光。這本書裡多次提到的榮格作品，不少是榮格當時手頭正在撰寫的作品。尤其值得注意的是，寫這本筆記的結尾幾章時，正是

晚年的榮格寫《記憶、夢和反思》[4]的時候。對那些想要進一步瞭解與這本榮格自傳相關話題的讀者來說，他們將會發現，眼下這本書裡的談話和評述，為《記憶、夢和反思》提供了獨一無二的出處。

瑪麗-路蕙絲・馮・法蘭茲

（Marie-Louise von Franz）

---

4　參見註 3 之編註。

# 1. 1946年春

1946年3月29日 | 庫斯納赫特（Küsnacht）

　　昨天，從日內瓦出發，抵達蘇黎世車站時，車子已經在等著我了。剛好在一點之前到達西斯特拉斯（Seestrasse）。榮格[1]* 和榮格夫人，還有他們的女兒瑪麗安（Marianne）和女婿沃爾特·尼修斯（Walther Niehus）以及一個約十六歲的女孩和六歲的男孩，還有榮格的秘書施密德小姐（Miss Schmid）都在那裡。

　　我們坐下來吃了一頓愉快的午餐。有馬乃士魚、牛肉，還有小麵包；然後在走廊上喝咖啡。後來，我和榮格談了很久，一直談到下午茶時間，五點左右離開。儘管他說，他的心臟有些虛弱——他不能爬山、上下樓梯時必須慢慢走，但他看上去反應敏捷，顯得相當健康。

　　他說到1940年時他在瑞士的孤獨感。他們料到德國人會入侵。一天，他在沙夫豪森（Schaffausen）的連襟捎信給他，提醒他德國人或許當晚就會來。於是，他帶著妻子、女兒和懷孕八個月的兒媳，乘車去了瑞士東部的一個避難所。瑞士的大致計畫是：當德國人入侵時，瑞士人將從蘇黎世附近的平原疏散，炸掉火車隧道，在山上、戈特哈德和其他地方作戰。但他們認為德國人也有可能不會入侵，其中一個重要的原因，也是一張王牌是：如果德國不想和義大利連成一片的話，瑞士對德國來說是沒什麼用的。

　　他每天都聽 B.B.C. 電台，知道英國是唯一的希望，並且永遠

不會屈服。

他說，一直到 1935 年，德國和義大利的人們似乎對納粹還抱有幻想。德國正在發生變化，路上不再擠滿失業的人；一切都在改變，變得平和了。接著，他看到其他的事，瞭解到了納粹的邪惡。他開始抨擊納粹，比如說，在牛津大會[2]上的批評，並且這樣的抨擊越來越多。他給我看了一篇美國人寫的、被錯譯的文章，作者錯誤地引用了他的話。他的原話是：「用驚訝的目光，看著（歐洲的事態發展）」，卻被扭曲為「用崇敬的目光看著」。他說，他已對此做了回應。由於德國在蘇黎世的影響非常大，當他開始毫無保留地批評德國時，榮格夫人不禁擔心他可能會捲入麻煩。談到所謂他同情納粹的傳言，榮格告訴我，由於他對納粹的觀點，他的名字上了德國的黑名單，假如他一旦落入納粹之手，肯定會被槍斃。[3]

他說，在牛津大會上，他問戈林[4]，他認為會不會發生戰爭？

---

1　【譯註】原文為 C. G.，為方便讀者，均譯為榮格。

2　「第十屆國際心理治療大會」（The Tenth International Medical Congress for Psychotherapy），於1938年7月29日至8月2日在牛津舉行。

3　參見貝納特所著《榮格》（p.60），以及歐尼斯特・哈姆斯（Ernest Harms）的文章〈卡爾・古斯塔夫・榮格：佛洛伊德和猶太人的辯護者〉（'Carl Gustav Jung-Defender of Freud and the Jews', *Psychiatric Quarterly* [1946], Vol. 20, p.199）。
也可參見芭芭拉・漢娜（Barbara Hannah）的著作：《榮格：其生平與著作》第十一章〈烏雲籠罩下的歐洲：1933-1937〉（*Jung: His Life and Work*, Chapter11, Storm Clouds Over Europe 1933-1937）裡，關於榮格對納粹的態度有充分描述。

4　伍波塔爾（Wuppertal）的瑪蒂亞斯・戈林（Matthias. H. Göring）教授是赫爾曼・戈林（Reich minister Hermann Göring）的堂弟。
【編註】瑪蒂亞斯・戈林是德國精神醫學家，亦是活躍納粹份子；赫爾曼・戈林為是納粹德國重要軍政領袖，曾被希特勒指定為接班人。

戈林答道：「喔，就算開戰，緊接著就會召開圓桌會議。」榮格補充道，德國永遠不可能贏。至於蘇聯，他說，史達林很聰明，並不愚蠢。當俄國人捲進戰爭時，他非常擔憂。但不久他就做了一個令人震撼的夢。他告訴了我夢中的一個片段：

> 他在一個空曠的田野上，遠處有兵營似的建築物。到處都是野牛（德國人）。他在一個山崗上，希特勒在另一個山崗上。他感到，只要他盯著希特勒看，一切都會好起來的。接著，他看見遠處塵土飛揚，騎手們（哥薩克騎兵）圍住野牛，將牠們趕了出去。然後他醒了過來，心情大好，因為，他知道德國將會被俄羅斯打敗。他說，這是一個集體夢，一個非常重要的夢。

我們無所不談。我對他說起「斯大林格勒的寶劍事件」（Stalingrad sword incident）[5]，和張伯倫在哥德斯堡

---

5　這件事發生在 1943 年「斯大林格勒寶劍」的饋贈儀式上。在這把劍的劍身上用英俄兩種文字刻著：「喬治六世國王代表英國人民，向有著鋼鐵般意志的斯大林格勒公民們致以崇高的敬意——為俄國贏得斯大林格勒大捷而做。」該劍由金匠公司（Goldsmiths' Compant）的工匠們打造。在《工作室》（The Studio）雜誌上，當時有一篇文章這樣描述道：「由於其固有的美，技藝精湛，合乎時局，它或許是我們這個時代最重要的藝術作品。這是一把設計成十字軍刀的劍，金手柄的外面套著精心設計的十字形護手，劍柄圓頭的金玫瑰裡鑲著水晶石。當1943年11月29日，邱吉爾、羅斯福和史達林在德黑蘭會面時，邱吉爾代表國王和英國人民，在一個簡單卻莊嚴的儀式上，將這把劍贈送給了史達林。在官方拍攝的紀錄片中，這個儀式的後半部分被剪掉了。但據目擊者說，史達林接過寶劍後，把它交給了他身邊的伏羅希洛夫元帥（Marshal Voroshilov）。劍從劍鞘裡滑了出來，儘管伏羅希洛夫眼疾手快，但還是只抓住了鑲嵌著價值連城的水晶石的劍柄圓頭。（感謝虔誠的金匠公司提供了這些細節。1965 年，在喬治・休斯為該公司撰寫的《虔誠的金匠史密斯公司：作為他們工藝的贊助人1919-1953》中，詳盡地描寫了斯大林格勒寶劍的故事。）

（Godesburgh）忘記他傘的故事[6]。榮格對前者非常感興趣。對於後一件事，他說，當人們忘記帶走自己的東西時，這意味著，這些東西代表著某種無意識。正如病人們忘記帶走他們的筆記本或包等物品，這並不簡單地表示他們不想走或還想回來。

他與劍橋的黑衣修士維克多‧懷特神父（Father Victor White）[7]長期保持著通信聯繫，他本人以及他的學識給榮格留下了極為深刻的印象。他們出版了一本《黑衣修士》（*Blackfriars*）的雜誌。

榮格和榮格太太都告訴我，榮格正打算出一本書，其中包括他所有關於德國和納粹的文章。書已準備付梓，並且將會被翻譯成其他文字。[8]

---

6　張伯倫在哥德斯堡會見希特勒後，忘記帶走他的傘。這件事引起人們注意的原因在於，這把傘不僅是他隨身攜帶的東西，還因為，他自己讓人把這把傘視為團結與防禦的象徵。所以，在 1939 年 2 月的布萊克本演講結束後的答謝詞中，他說道「……這是給予我的最大可能的鼓勵和支持，因為，充分信任我的同胞們都知道，只要我有這把舊傘，和平就會最大程度地祝福每一個國家，讓人們充分享受和平……依靠決心和堅持，我們就能保證我們自己與世界的和平。」（1939 年2月23日，《時代》〔*The Times*〕報導，標題是，《那把舊傘》〔*That Old Umbrella*〕）。

7　榮格曾為維克多‧懷特神父的《上帝與無意識》（*God and the Unconscious*）寫序，這裡提到的信，發表在《榮格書信》（*C.G. Jung: Letters*, Vol. 1）。

8　見榮格《時事隨筆》（*Essays on Contemporary Events*），1947 年在倫敦出版。又見於《榮格全集‧轉化中的文明》（*Civilization in Transition*, CW Vol. 10, III）。

# 2. 1946年夏

八月，蘇黎世國際會議[1]期間，我住在榮格的庫斯納赫特家。

## 1946年8月10日

　　吃早飯時，榮格談到「聖女懷孕」。他說，當他遇到威廉‧坦普爾[2]時，他對坦普爾說，他還沒搞清楚聖女懷孕是怎麼回事，但也不完全同意正統的說法（說到這裡，為了配合他的話，他聳聳肩，做出一個獨特的手勢。看上去就像在捏什麼，為了巧妙地得到什麼東西而做出的樣子）。坦普爾同意：表示自己也「搞不懂」，聖公會也弄不清楚。對此，他感到抱歉，說，還是不談為妙。榮格繼續說，但有必要從心理學上弄清楚。去想瓊斯太太（Mrs. Jones）沒有丈夫或男人卻有孩子，是沒有意義的。不過，**處女是男人靈魂中的原型形象，即阿尼瑪**，上帝也只能誕生在男人的靈魂裡，除此之外，還能從哪裡誕生呢？他說，天主教知道這一點，而其他人卻不知道。這是一個重大的心理真理：聖母瑪利亞[3]形象中的象徵。

　　正餐時，有休‧克萊頓—米勒[4]，還有一個早早離開的義大利醫生。飯後，我們在餐廳隔壁的客廳與榮格夫婦聊了很久。那裡有一個大大的藍綠色爐子，上面鋪著瓷磚。瓷磚的設計靈感來自一本關於自然科學的古老書籍，榮格給我們看了這本書。

　　那個義大利醫生講了一件戰爭期間的趣事：一個受傷的士

兵，不得不通過插到胃裡的瘺管進食。那麼，做彌撒時，他是通過瘺管接受聖餅呢，還是必須用嘴巴進食？最後決定：可以通過瘺管進食，因為把聖餐吸收進去才是最重要的。

聖女懷孕的話題又被提了出來。榮格強調教義的重要性——

---

1　國際分析心理學會議（The International Conference for Analytical Psychology），於1946年8月在蘇黎世召開。

2　威廉‧坦普爾（Dr. William Temple, 1881-1946），紐約大主教（1929），坎特伯雷大主教（1942）。

3　《榮格全集‧心理學與宗教‧答約伯》（*Psychology and Religion*, CW, Vol.11 VI, *Answer to Job*, para. 553），寫道：「……只有以物質形式存在的東西才是真實的，這是一種奇談怪論。因此，有人從物質角度相信，基督是處女生下的兒子，而其他人則否認……但是，只要放棄『肉體』這個詞，他們就很容易達成共識了。」見《榮格書信》（*C.G. Jung: Letters*, Vol. 1）。1947年6月23日，在榮格給沃納‧涅德勒牧師（Pastor Werner Niederer）的信中寫道：「必須認識到**客觀心靈的存在**，心理解釋不一定就是心理化的，即主觀。必須重新看待教義的含義。我曾就『英國教會教義』中的處女懷孕問題，用事實駁斥過已故的坎特伯雷大主教坦普爾博士，說這是作繭自縛，授人以柄……教義是『**因為荒謬，所以相信——德爾圖良**』〔credibile quia ineptum〕。為了徹底理解這一點，首先得理解typice（拉丁文）的意思——用現代術語來說，就是**典型地**。在我們這個例子中，處女等於阿尼瑪，『**一顆不瞭解男人的靈魂**』〔quae non novit virum〕。她不是由男人創造出來的，而是由上帝自己親手創造出來的。對我來說，這種說法更好，也更容易理解，因為，這是可以觀察並體驗到的事。」參見《記憶、夢和反思》第十二章〈後期思想〉（Chapter XII, 'Late Thoughts', pp.309-311）。

4　【編註】休‧克萊頓—米勒（Hugh Crichton-Miller, 1877-1959），蘇格蘭精神病學家、精神科醫師，英國塔維斯托克診所創辦人，也曾擔任蘇黎世榮格學院副校長。

5　《榮格全集‧心理學與宗教》（CW, Vol.11, I, para. 81-82）寫道：「……教義有其自身的連續性特點，一方面，它由所謂的『啟示』或對『真知』（上帝的知識）的直接體驗所組成，例如：上帝一人，十字架，聖女懷孕……；另一方面，這麼多世紀以來，許多思想持續相互合作……而我曾提到：基督意象不單單為基督教所獨有……它們也常出現在異教那裡……作為心理現象，它會以各種各樣的形式反覆自發地產生。正如在遙遠的過去，它們就出現在幻象、夢境或出神狀態之中……教義就像反映無意識自發自主活動的夢一樣……教義延續了無數個世紀，它比科學理論對心靈的表達更為完整。」

比起事實的真相，教義更為重要[5]。羅馬天主教會並不在乎人們是否像新教徒那樣真的「相信」，看重的是人們是否「參與教會」。彌撒是用拉丁文[6]念的，與教義一樣，經年累月保持不變。做彌撒時，人們可以交頭接耳，心不在焉。但是，一旦鐘聲響起，也就是聖三頌的鐘聲響起時，所有人就得聚精會神了。甚至周邊地區也在分享著這種榮耀。可以說，經過一代又一代的積澱，這裡的人們便會「領會」它了。而新教卻在宗教改革中失去了這一部分，他們變得理性了——必須去理解，而不是感受這一切，這是非常糟糕的。他們僅僅依靠《聖經》和信念，這是不夠的。而羅馬天主教彌撒中卻有種神聖的東西：萬事萬物都在表達著心靈現實，人們從中「獲得了領會」[7]。

他向我們談起耶魯大學的特瑞講座[8]。他不喜歡人多，在他看來，大多數人都是人云亦云的人，因此在耶魯時，他要求在小禮堂演講。但系主任說，他已經把第一次演講安排在大禮堂了，因為許多人是出於好奇心來的，以後可能就不會來了，第二次演講就可以搬到小一點的禮堂。榮格第一次演講時，大禮堂沒有坐

---

6　《羅馬天主教彌撒》直到1946年才有英文版。

7　《榮格全集・心理學與宗教・彌撒中的轉換象徵》（*Transformation Symbolism in the Mass* , CW Vol. 11, III）。

8　榮格1937年的特瑞講座內容收錄於《榮格全集・心理學與宗教》的第一部分（CW Vol. 11, Part I ）。
　　【編註】耶魯大學的特瑞講座（The Dwight H. Terry Lectureship）創立於1905年，每年邀請哲學、科學與宗教領域的具卓越成就的學者，就哲學與科學如何看待宗教，以及宗教如何應用於人類福祉進行演講，並推出相關的出版品。許多重要的學者如哲學家呂格爾（Paul Ricoeur）、心理學家佛洛姆（Erich Fromm）、人類學家米德（Margaret Mead）、格爾茨（Clifford Geertz）、原型心理學者希爾曼（James Hillman）等都曾受邀主講，該講座至今仍持續舉辦。

滿。那裡可容納三千人，結果只坐了約六、七百人。當他要求第二次演講放在小禮堂時，系主任說，必須放在大禮堂。令他吃驚的是，當他走進大禮堂時，發現那裡已經坐滿了人。第三次演講，到處都是站著、坐著的人。他說：「然而，這些東西非常艱深，他們之中可能沒有一個人能夠理解，但他們『領會』了。這是一種神奇的悟性。」最後一次演講結束，離開的時候，他看見端著茶的系主任夫人淚流滿面。榮格想，一定是她家裡出了什麼事。系主任夫人為自己的哭泣感到抱歉，「是的，我明白，」榮格問她是否需要他回避。「哦，不！」她回答道，「雖然我一個字也聽不懂，但是，我感受到了它。」「這就對了」榮格評論道，「她領會了其中的東西，就像彌撒那樣──不理解，但**沉浸進去了**。」

# 3.                                                    1947年夏

### 1946年6月3日 ｜ 庫斯納赫特

與榮格談話。[1]如果我們想上升，那就必須先下降。（聖·古斯丁）

不公正管家的寓言：他的致命傷在於他非要挽回面子不可。從心理學的角度來看，寓言都是不可思議的。因為懶惰、害羞或無知，我們埋沒了自己的天分，不去使用它。

接著，我們談起了核子物理學與三位一體教義中相似的現象：原子是看不見的，就像心靈和無意識[2]中的東西也不可見。他正在研究核子物理與無意識的關係。

關於聖女懷孕：上帝誕生於男人的靈魂。儘管基督是出生在馬糞堆上的私生子，但他仍然是上帝之子。這是個具有治療效果

---

1　這段對話的原始筆記不完整，這裡給出的文本，做了一些文字上的改動。

2　見《榮格全集‧心理學與宗教‧對三位一體教義的心理態度》（*Psychological Approach to the Doma of the Trinity*, CW Vil 11, II, para.279），寫道：「對應於物理學，聖靈就像物質的遞減中產生的一串光子，而『父親』就好比形成正電荷質子和負電荷電子的最原始能量。讀者將會看到，這不是一種解釋，事實就是這樣。因為，物理學家的模型也取決於同樣的原型基礎，這種原型基礎也構成了神學家思考的基礎。兩者都是心理學的。」

3　在《記憶、夢與反思》的序言開頭處，榮格寫道：「我們內心是怎樣看待自己的，**從永恆的角度看**，人是什麼樣的，只有透過神話的方式才能表達。比起科

的神話：當人們看到自己的個體經驗與更廣泛的經驗有聯繫時，他們就不再感到孤獨了。[3]

　　因為病人和寫作使他過度勞累，他生病了。他對未完成的任務感到憂心忡忡；而患者的請求又頻繁打斷他的工作。雖然這種混亂的狀態只持續了大約一個星期，但昨天他又感覺不舒服了，不能來見我。

　　榮格對我說，有個學生問他的教授，「你是怎麼知道上帝存在的？」教授沒有回答，來問榮格。此人是個了不起的傳教士，但只會耍嘴皮，沒有真才實學。榮格對他說：「我喜歡這個問題，你有一個善於學習的學生。」

---

學，神話更為個性化、表達的生活更為精確。」在1957年7月15日的談話中，榮格清楚地表達了他所使用的神話一詞的意思：他把神話視為賦予生活意義的中心觀念。

隱藏在這些簡要評述背後的思想，可在《記憶、夢與反思》，第十二章〈後期思想〉（Chapter XII, 'Late Thoughts', p.310-312）的結尾處，也可在《榮格全集‧心理學與宗教‧答約伯》（CW Vol.11, VI, prars.755 ff）的結尾處找到。

# 4. 1949年夏

## 1949年7月25日 | 波林根（Bollingen）

就是在這裡，就是在這一天，我第一次遇到了維克多·懷特。我到達那裡時，他正在湖裡洗澡，我也下去洗，因此，我們是在水中相遇的。

茶點後，我與榮格夫婦、他們的一個孫女，還有維克多·懷特神父一起坐在前花園的桌子旁。榮格和我坐在湖邊談了兩個多小時。懷特曾看到水裡有一條蛇，正當我們談話時，這條蛇又出現了兩次。牠約有一碼長，相當優美地游著。

我對榮格說起一個患者對我講的夢：他有一隻裝滿金色水的盆子，裡面有金魚，而他又不得不喝裡面的水。一條魚跳了出來，他又把牠放了回去。榮格說，這意味著他的某些無意識已經成熟，就要成為意識了。魚就像基督一樣，是無意識生活的象徵。

## 1949年7月27日

我是三點到波林根的，然後洗了個澡。榮格、懷特神父和榮格的孫子西維爾在那兒。澡洗得很舒服。西維爾的水壺架在樹枝上燒著。

然後與榮格聊天。因為我提到祖父母對年輕一代的重要性，

他便談到了生活的各個階段。他不瞭解他的祖父母。他說，他的祖母1864年就去世了。

他繼續說到，那些始終對死亡懷有恐懼的強迫症患者。這些人想一直停留在青少年時期，永不長大。有些患者（他舉了一個例子）甚至會拒絕跟醫生握手，因為他們死亡打交道。青少年有著遠大的前程，他們的任何決定都會影響未來。讓強迫症患者做出任何決定都非常勉強。他們不想做任何決定，因為作出決定就意味著選擇一種生活，因而他們對任何決定都猶豫不決。假如非要有所改變的話，他們就會選擇逃避，因為任何一種改變對他們來說都是顛覆性的。他們透過生病，讓自己停留在不成熟的心態中，從而逃避工作和生活的責任。

他談到一個女患者：她一刻不停地、強制性地彈著鋼琴。她用兩隻手分別彈奏不同的旋律，直到精疲力盡，過一會又重新開始彈奏。她來向榮格求助。榮格對她說，是她自己不想好起來的，他會展示給她看，看她到時候作何反應。他請她去做一個實驗：花一天時間，做一個妻子應做的事——為丈夫做早餐，洗衣服，盡一個家庭主婦的責任。只需要一天！後來，她又來向他求助。「我們的實驗怎麼樣啊？」他問道：「你照做了嗎？」「是的，我做了。」她答道。「你犯病了嗎？」「沒有，根本沒有。」「這就對了！」他說道。她回答道：「但做這些太乏味了！」

他又說到一個患有強迫症的男患者。多年以來，他一直依靠一個愛著他的女教師供養，過著放蕩不羈的生活。儘管他知道，自己的開銷已超出了她的承受力（我認為這個案例出自「現代

人」），[1]他接受佛洛伊德式的精神分析很久了。榮格對他說：「你這是道德上的犯罪。」他之所以感到難過，是因為人都有道德的一面，但他卻指責榮格在說教。

他繼續說起佛洛伊德，並談到教義[2]對佛洛伊德的重要性。人，只有擺脫了神經官能症多年後，才會知道自己當初的問題。在做精神分析時，患者們回到了早期的童年經歷，從而得以擺脫當下的真實處境。這就像一條河：上游只有涓涓細流，隨著河水的流淌，河道變深了，而旁邊的溪流卻乾涸了。但如果河流在中途被堵塞，水就會漫廻到已經乾涸的舊渠裡。但是，**乾涸的舊渠並不是造成這種局面的原因**，原因在於河道裡的障礙物。當然，病人們喜歡追溯、再追溯，因為這可以使他們擺脫現實的問題，而對童年往事的回憶，總是永不枯竭的。對分析師和患者來說，都可以避開當前面臨的問題。

我問：「什麼治療方法？」他說：「只要你相信一種治療方法，你就可以用它來治療一切。比如說，只要你相信，你可以用催眠術，或用拐杖來治療神經官能症。佛洛伊德非常和善，會讓他的患者們分享他的興趣，這就是想治什麼，就能治好什麼——其奧妙就在於人與人的接觸。你信什麼，什麼就能治好你。」（佛洛伊德……這就是他的治療方法或常用的治療方法——與人

---

1    榮格著《尋找靈魂的現代人》（*Modern Man in Search of a Soul*），第四章。
2    見貝納特著《榮格》（p47-48）：「為了防止他（佛洛伊德）認為自己非常正確、並高度評價的原創性工作，被神祕主義的烏雲或洪水猛獸所吞沒，佛洛伊德一再堅持，其教義是必不可少的防範手段。這種洪水猛獸，佛洛伊德有時指的是宗教觀念，但更多指的是無意識。對佛洛伊德來說，除了個人無意識之外，無意識本身是沒有意義的。因此，可以說，佛洛伊德傾向於用他自己的術語來貶低、戰勝或克服無意識。」

接觸。）[3]

　　他談到了**絕對知識**：「多麼了不起的詞啊，**絕對！**」他用這個詞來指涉我們隨時會碰到的真正真理。我們與萬事萬物都有關聯，比如說，我們和「那棵樹」都是自然的一部分，因此建立起了聯繫。我們依靠意識，成為了不起的東西，但只有超越意識，我們才能匯入大自然的溪流，進入真正的無意識。

　　或許我們無法理解患者——我們完全摸不到門道。然而，我們也許會從一個意想不到的來源，比如說，從占星術中找到線索：「我不關心真假，只對事實感興趣，因為是事實，而且只有事實才能夠給我們提供線索。」他還談到了《易經》，以及他最近[4] 偶然接觸到的一種中世紀的直覺占卜法。他補充道，人們只有通過親證才知道準不準。他說，「有時候它們確實很準，對此我們要有開放的思想。」

## 1949年8月12日

　　又到了波林根。喝茶完後，我們坐在塔樓的房間。後來，我和榮格在樓上書房聊天。說起**不經意的巧合**，即，**無法預料的巧**

---

3　見《榮格書信》第二卷，在 1954 年 3 月 15 日給卡彭博士（Dr. D. Cappon）的信中，榮格寫道：「早在我們現代心理學出現之前，人們就用最令人震驚的方法治好了精神官能症。假如沒有技術手段，正是醫生的真摯態度和真心幫助病人康復的心願（治好了患者）……只要你盡力而為，不管你做得好還是不好，或採取哪種技術手段，那麼你始終就有可能獲得一種成功的治療方法。只要你確確實實盡力而為就行了。」

4　這種方法指的是沙子占卜，這是一種建立在四位一體「資訊」上的古代占卜法；發源於伊斯蘭教，後來逐漸傳遍了歐洲。在馮・法蘭茲的《數字與時間》描述了這種占卜過程（*Nunber and Time*, CH7, p117-119, Northwestern University Press 1974）。

合，他舉了個例子：不久前，他夢見了邱吉爾。第二天便讀到邱吉爾正好路過瑞士的消息。他補充道，他有兩次夢見邱吉爾，每次夢見，第二天就會讀到邱吉爾在瑞士或路過瑞士的消息；有一次是1944年，邱吉爾去希臘[5]的途中，在日內瓦給飛機加油。

在談論**共時性**的時候，他提到**對應性**這個老觀念（斯維登伯格）[6]。他說，時間、空間和因果關係是物理學的基本概念，只要你擁有這三種基本概念就能解釋所有問題。但還有一種，即，在確定的時間裡一起發生的事情。他用鐳的衰變打比方：約一千四百年後，鐳粒子就會消失。鐳以一定的速度持續減少的現象，用空間、時間和因果關係無法對此作出解釋。他說，這就好比六十個人一起坐下來吃飯，每個人手上都有一張牌，上面寫著他必須站起來離開的時間，一個人起身了，或許是在四點〇二分；另一個人是在四分鐘後等等。它們是不規則的，表面看是隨機的，於是房子就漸漸空了。鐳就是這樣，它正是這樣「逐漸消失」的。或者，就像窗玻璃上冰的結晶那樣，沒有兩個看起來是

---

5  1944年耶誕節，邱吉爾飛往雅典娜，與突尼斯的陸軍元帥亞歷山大伯爵（Field Marshal Earl Alexanderof Tunis）和達馬斯康大主教（Archbishop Damskinos）談論希臘危機。

6  伊紐曼·斯維登伯格（Emanuel Swednborg）著：《真正的基督教信仰》（*Vera Christina Religio*）。
《榮格書信》第二卷，1952年2月29日給麥斯西斯（John Raymond Smythies）的信裡，榮格寫道：「在我的論共時性論文裡，我提出了一個新的（其實非常古老）解釋原則，即，共時性原理。這個新術語指的是神聖的時間對應性。我用某種方式退回到萊布尼茲（Leibniz）──這個無所不知的中世紀最後一個思想家那裡。他透過四種原理來解釋現象：空間、時間、因果關係以及對應。很久以前，我們就把最後那個拋棄了（雖然叔本華把它偽裝成因果關係，又把它重新提了出來）。我認為不能用因果關係來解釋超自然現象。像意念傳遞、心靈感應、千里眼這種術語是空洞的。人怎麼能夠想像用因果關係來解釋預知事件呢？」

一樣的。每一粒原子都知道自己的位置，而它們之前都是水，然後形成非常完美的軸形冰晶，這種冰晶不是（由我們）預先設計的。就像鐳一樣，它似乎遵循著某些我們一無所知的定律，在自然界中，似乎存在著某種「絕對知識」。

# 5.

# 1950年秋

## 1950年9月12日 | 波林根

　　坐在湖邊，榮格說，我們需要知識，我們必須知道許多東西，比如說，我們需要知道象徵以及無意識內容。當人們面對陌生的，或勢不可擋的內在體驗時，人們或許想知道自己是不是瘋了，以為自己「與眾不同」或過於封閉了。不過，當向人們展示體驗到的東西，比如說，讓他們理解到其中的內容（一部分夢或某個圖像的意義）時，人們的憂慮便得到了緩解，孤立感就減輕了。我們必須瞭解並傳授這些知識[1]。在我們談到陰影時，我說，陰影這個概念令一些人感到困惑。他說，這其實非常簡單：在做分析時，無意識首先聚集起來的就是陰影。隱藏在陰影後面，遠離意識的是阿尼瑪（或阿尼姆斯）以及其他的集體材料。陰影可以代表整體無意識（即，個人和原型內容），或僅僅是背景中的、尚未被辨認出來的、不想要的個人材料。但是，陰影必然會湧現出來並被意識所吸收。這才是問題的關鍵[2]。

---

1　在《記憶、夢和反思》第六章〈對抗無意識〉（Chapter VI, 'Confrontation with the Unconscious'）中，榮格寫下了一系列記憶深刻的夢，提到這裡所列舉的經驗，譬如，在第一次世界大戰爆發前的幾個月，那些令他心煩意亂的夢和幻象，以及他夢見齊格菲（Siegfried）與原始人。這兩個例子分別在1957年7月8日和1956年8月30日的談話中提到過。

2　《榮格全集·艾翁》的第二章〈陰影〉、第三章〈朔望：阿尼瑪與阿尼姆斯〉（*Aion*, CW Vol. 9, Chapter II, 'The Shadow', and Chapter III, 'The Syzygy:

他說，他已經學會了在面談開始時，除了幾句類似「你好嗎？」之類的寒暄之外，什麼都不說，一直等患者開口。因為，在患者和醫生之間存在著直覺和原型的關係，況且，我們也不知道醫患之間可能會發生什麼事。有時候，一些對他來說莫名其妙的話題會在談話過程中突然冒出來，於是就聊起這個話題，結果卻發現，這恰恰是他正需要的東西。舉個例子來說，有一天，他開始對一個女醫生說起他的非洲之行和蛇的話題。他也不知道為什麼會對她說起這些。但說著說著，就變得絕對有關聯了，因為他發現，她對這些事有著濃厚的興趣。所以，我們需要學會等待，等待讓直覺來引導我們。

在談到患者的夢時，他說，如果人過於內向就會過度地沉迷於過去。「這樣的話，他就不大會去期待未來了。這種人需要學會期待──這樣才會有新鮮事發生。」

榮格看起來狀態非常好。與他的談話結束後，我與托尼·沃爾夫[3]在露台上聊了一會。在我離開前，她讓我去吃午飯。我們燃起壁爐，熱了一些咖啡，我把咖啡和一些麵包、乳酪帶去露台。這裡非常安靜，營造了一種全新的氛圍。

離開時，我路過榮格那裡，向他道別。他正躺在躺椅上，閱讀我們剛剛結束的談話筆記。現在，當我坐在正對塔樓的路邊河

---

Anima and Animus'）。

在《榮格全集·轉化中的文明·從心理學看意識》（*Civilization in Transition*, CW. Vol.10, VI, *A Psychological View of Conscience*, para. 847）中，他概述了他的原型觀念。

3　【編註】托尼·沃爾夫（Toni Wolff, 1888-1953），瑞士榮格分析師，也是榮格密切的合作夥伴，幫助榮格識別、定義和命名了一些榮格最著名的概念，包括阿尼瑪、阿尼姆斯、人格面具，以及心理類型的理論等。

畔，沐浴著燦爛的陽光，將這一切記錄下來時，我還能夠感受到當時的那種寧靜與閒適。

## 1950年9月14日

我們說到了朝鮮，還談到共產主義。榮格認為，共產主義的崛起是由於教會的失敗。教會有它的「**蓋世太保**」（宗教裁判所）和統治權；世俗權力卻總是被濫用，從而使人卑微而貧窮。隨著教會精神力量的衰退，共產主義卻相反地崛起了，它的興起是因為對物質的美化。因而，新的羅馬教義[4]也把物質（materia）奉若神明。這就是問題所在，新的教義是四位一體，符合陰性原則。[5]

我們再次談到陰影。他說，「是的，陰影代表所有模糊不清的東西，它可能是個人的、也可能是屬於集體的，我們只有仔細觀察才能領會它。」他好像把我們所有不理解的東西都說成是陰影：陰影可能是好的、也可能是壞的。他還談到出現在夢境中的

---

4　1950年，教宗庇護十二世（Pope Pius XII）宣布聖母瑪利亞升天的羅馬教義。見《榮格書信》第二卷，在1950年3月17日的一封信中，榮格寫下了這個宣告的重要性。他認為，這是自宗教改革以來最重要的象徵性事件。

5　《榮格全集‧心理學與宗教‧從心理學看三位一體教義》〈關於第四問題〉（'The Problem of the Fouth' ,CW Vol. 11, II, Chapter 5）。馮‧法蘭茲在其著作《榮格：我們時代中的神話》（*C. G. Jung: His Myth in Our Time*, p230-231）中說：「諾斯替教派把基督的象徵、煉金石、墨丘利和安索羅波斯的意象，都解釋為作為整體自然象徵的自性，這與教條的基督意象形成了鮮明的對比，後者不包含（或幾乎不包含）黑暗，即，陰性物質。這是因為肉體復活的意象無法令他們滿意，因而很容易理解，為什麼中世紀神學家們主要考慮的是，基督肉身與中世紀聖杯傳說中，基督的血的問題。這也是為什麼在宣布瑪利亞聖母升天的教義時，所有的討論又圍繞著這些問題展開。透過聖母升天和加冕典禮，天堂中的男性三位一體因加入了第四位女性，而變得完整了。從而代表著真正的總體象徵，而不僅僅是一種假定。」

女人的多重含義，阿尼瑪的多樣性，因為，阿尼瑪可能集中了所有男人對於女人的態度。

我問他怎麼會想到開始寫心理類型這本書的。他說，這完全是因為研究佛洛伊德和阿德勒的結果：一個相當外向（佛洛伊德）、而另一個非常內向（阿德勒）。當時，他（榮格）徹底放棄了對職業生涯的追求，這樣就有充分的時間去做他想做的事了，他想找到真正在我們大腦裡起作用的東西。他認識到，佛洛伊德和阿德勒採取的是兩種截然不同的方法。[6]

## 1950年9月15日

我向榮格問到關於聖誕樹的問題。他說，聖誕樹是個巨大的象徵，因為，它是生長在冬天和冬至的生命，基督就是這樣的，是黑暗中的光明。不過，樹也可以象徵其他很多東西，比如，陰莖或無意識。

我問道，對盲人來說，原型概念是什麼樣的。他說，他沒有這方面的經驗。確實，盲人也需要表達原型，但很難知道是什麼樣的形式。比如說，很難解釋對於沒有視力的人來說，究竟是怎樣體驗到馬或淺灘的形狀的。

我們說起康德。他說，他曾引用過康德的話：**自在之物**。康

---

6　《榮格全集・心理類型》（*Psychological Types*, CW Vol.6.）。
　　《記憶・夢和反思》第七章〈著作〉（'The Work', p.198）.。
　　貝納特著《榮格》第五章〈內傾型與外傾型〉（Introverts and Extraverts），其中他提到榮格的《論心理分析的兩篇論文》（*Two Essays on Analytical Psychology*），並評注道：「值得注意的是這兩篇論文的原創性，它最早提出了集體心靈理論、『對立面』以及心理類型概念。」
　　【編註】中文版書名《榮格論心理類型》，莊仲黎譯，2017年商周出版。

德具備無意識的觀念，並且認為我們並不知道自在之物是什麼，我們只有對它們的大概印象。

我們坐在露台上他臨時搭起的帆布棚下談話。

## 1950年9月16日

天冷，於是我們坐進了樓上的房間裡。他說起了他的房子。[7]他的桌上有一盞小油燈，當年他記錄聯想測試[8]時，用的就是這盞燈，而只要他待在這裡，始終都用的是這盞燈：一盞光線非常柔和的燈。他不願意安裝電燈或電話。他建的房子就像中世紀時有著厚石牆和小窗戶的房子，這樣，當你坐在裡面的時候，你就像被包裹起來一樣；如果你想看到更多的東西，你可以走出去。說起這些古老事物時，他總是充滿感情，而我只關心近代的東西。他說我們應該和事件保持距離。他發現自己很難對剛剛發生的事感興趣，譬如原子彈爆炸。因此，他需要跑到這兒來，與世隔絕，尋求清靜。

他珍惜自己在這裡做的一切事：必須做的事，微不足道的工作，做這些事並非是浪費時間。我們做了大量的工作卻收穫了空虛，這些瑣碎的小事卻能使我們內心獲得康復。

人們太忙了，以致失去了生活，但是，時間節省下來又去做

---

7　榮格在波林根的房子。

8　《榮格全集・實驗研究・字詞聯想》（*Experimental Researches*, CW Vol.2, Part I, Studies in Word Association）。這些論文寫於1904年到1909年。

9　【編註】赫拉克利特（Heraclitus，約540-480 BC），為古希臘哲學家，愛菲斯學派的創始人，被稱為辯證法的奠基人之一，其理論以畢達哥拉斯的學說為基礎，提出永恆的活火、邏各斯（logos，理性原則）、對立統一等概念，作品只有片段方式留下與呈現。

什麼呢？活著就活著，最好不要總是那麼匆匆忙忙的。

我提到赫拉克利特（Heraclitus）[9]。他說，赫拉克利特知道的東西很多，他就是從他那裡學到Enantiodromia（物極必反）[10]的思想的。擁有一種哲學背景並瞭解認識論的理論是非常重要的。

他還談到笛卡爾和笛卡爾的夢，這個夢是對笛卡爾片面理性態度的補償。他在他的一本關於共時性[11]書裡提到過這一點。眼下，一個瑞士物理學家，從物理學家的角度正在與他一起合作寫一本關於共時性的作品。他們一直拿不到收藏在大英博物館裡的一些手稿影本。他說，這部與物理學家一起合寫的關於共時性的著作，將會是他在這方面的最後作品。這需要全身心投入，花費大量的時間。他決定暫停工作一年，除了那些非做不可的事。

他告訴我，他妻子在第五個孩子上學以後開始學習拉丁文，以及一些關於自然科學的學科，現在，她可以看所有中世紀的拉

---

10　見貝納特著《榮格到底說了什麼》第四章〈夢〉（Dreams）。關於榮格釋夢中提出的補償性原理，他評注道（p.92）：「榮格……在相當程度上，受到希臘哲學家赫拉克利特（西元前五百年左右）學術的影響……以及他永恆流動、永遠變化之教義的影響。從生到死，從死到生，生生不息。當一種片面的看法產生後，便會不可避免地、自發性地產生一種試圖保持平衡的相反觀點。赫拉克利特把這種似乎主宰著產生變化的過程稱為Enantiodromia（物極必反），即，變成對立面的趨勢（enantios的意思是相反；dromos的意思是快速運動）。一切都在變化中。」

11　《榮格全集・心靈的結構與動力・共時性：非因果連接原理》（*The Structure and Dynamic of Psyche*, CW Vol.8, VII, *Synchronicity: An Acausal Connecting Principle*, para.937）：「在這方面，笛卡爾主義者犯了巨大錯誤，『凡是無法認識清楚的東西，就不存在。』」
　　榮格原打算把馮・法蘭茲發表在《永恆靈魂的文獻》（*Timeless Documents of the Soul*, Jacohsohn, von Franz snd Hurwitz〔Northwestern University Press 1968〕）的〈笛卡爾的夢〉（The Dream of Descartes）一文收進他論共時性的書裡。

丁文文獻了。

他常常思考怎樣才能讀完他所有的藏書。「我從未想過我可以活得這麼久，現在我可以讀書了。」他提到一個醫生，此人除了讀醫學雜誌之外，其他什麼都不讀。後來他退休了，沒有任何寄託——生活空虛，生命已經走到盡頭，於是就死了。

說到原型：它們是以本能的方式顯現自己的。佛洛伊德認為，**把一種我們不瞭解的東西稱為能量是荒謬的**，因而他不願意使用「能量」這個詞，而用「力比多」（libido）來代替。我們只能看到能量的外在表現。把性當作唯一的驅動力，是一種毫無價值的想法。說這種話的人是出於無知，什麼都不懂。

他說，試圖用往事或父母的原因來安慰患者的想法是不對的。問題是他現在病了。如果一人大腿上有顆子彈，他或許會去找開槍的人，但子彈還在他腿裡，子彈才是必須解決的問題。僅僅向患者指出是誰開的槍是無濟於事的。我們必須思考眼前的問題並解決它。現在是病人患了精神官能症，而不是他父母。

談起占星術，榮格說他自己並不關心它的真假。對他來說，占星術所有的價值在於，它可以給他提供某些他不知道東西的線索。筆跡學也一樣。

他說，他所使用的概念純粹是假設性的，僅僅是一種假設，如果有更好的，他隨時願意接受。我們並不知道，究竟什麼是**真的**，我們只有盡最大可能地尋找真實。

他穿著厚斜紋布（老式的）褲子和長筒靴，鞋帶繫得很高，看起來非常厚實，還穿著一件防風衣，圍著一條綠圍裙。我以為他要去花園幹活，誰知道他卻坐下來抽著菸，和我聊了起來。

# 6.　　　　　　　　　　1951年夏

## 1951年6月20日 ｜ 波林根

　　我們坐在露台的帆布棚下。像以前一樣,榮格穿著鄉下人的衣服,靴子的鞋帶一直繫到膝蓋下,厚斜紋布褲子紮進靴筒;脖子上的圍巾甩向一邊,毛衣外面披著一件皮外套,戴著一頂舊帽子給人留下了深刻印象。

　　他向我說起他剛剛鑿好的石頭。這塊石頭立在房子旁的基座上,靠近我去年來這裡時正在修建的一堵新牆。石頭是從湖對岸的採石場運來的。牆角處需要有一塊石頭來收工,所以石頭尺寸的丈量必須十分精確。當榮格看到船裡的石頭時,他立即意識到,這塊石頭的尺寸不符合牆的需要,但就在那個時候,他突然怦然心跳,這是多麼完美的立方體啊!「這正是我最想要的東西!」他感到這是個奇蹟[1]。他把石頭放置好,並鑿好石頭的三個面。正面用希臘文刻下一段銘文和一個小矮人的形象,荷蒙庫魯茲(Homunculus)。右面是為他七十五歲生日寫的拉丁文的感恩詞。詩句如下:

　　一塊便宜之極的石頭

---

1　這是因為,在榮格七十五歲生日上,用這塊立方體石頭象徵了他的完美。見《榮格書信》第二卷,第八張照片。從這張照片可以明顯地看出,這是一塊質地優良的石頭。

傻瓜們越是瞧不起它

智者也就越愛它

——為紀念75歲生日，作為感謝，C.G.榮格製作了這塊石頭，並放置於此。1950年[2]

第三面上刻著中世紀拉丁文的縮寫——除非有人懂得縮寫形式，是不可能讀懂的。他說，為了讀懂一些中世紀文獻，他學會了這些詞。

隨後，他談起了**心理類型**，尤其是它們的功能。我問起他各種功能或類型相互之間的關係，以及不同類型的精神官能症。他說，這些都很難說清楚，因為，我們的患者中也有內向性歇斯底里症患者。我們也說不清楚為什麼精神官能症會是這樣。或許有許多種變異，或許與父親或母親的家族模式有關。也許某種性格類型或功能的人容易患上某種疾病，但好像也不大可能存在著必然的聯繫。

我告訴他，有人要我為《英國醫學雜誌》[3]寫一篇關於他的簡

---

2　【編註】原文如下：

*Hic lapis exilis extat pretio*

*Quoque vilis. Spernitur a stultis*

*Amatur plus ab edoctis.*

*In Memoriam Natus Di*

*EIL XXV C. G. Jung*

*Ex gratitudine fecit et posuit*

*MCML*

3　貝納特著〈大思想家〉（The Great Thinker），發表於《英國醫學雜誌》（*British Medical Journal* [1952], I, p.314）。

述。他說，「不管你說什麼，都要清楚地表明，我沒有教義，我的思想還在發展，沒有什麼一成不變的東西。」

他繼續談到佛洛伊德所堅持的教義。對佛洛伊德來說，教義是必須的。榮格說，在揭示大腦活動產生的壓抑方面，佛洛伊德做了了不起的工作，但由於他堅持教義，結果他把他的教義推廣到所有領域，讓所有的東西都符合他的理論。拿夢來說：假如一些夢以某種方式不符合他的理論，那麼就會用另外一種方式讓它們符合。他對佛洛伊德始終懷著敬意，稱他為教授。他說，佛洛伊德不具備阿尼瑪概念。當我說起古老觀念和原型時，他說，佛洛伊德確實知道一些這類觀念，但他不會應用[4]。1905年，他曾寫信給佛洛伊德，說，儘管壓抑（理論）是有價值的，但不能解釋所有的事實。除了壓抑之外，還存在著**自主心靈**，即情結，情結是自發性的活動。佛洛伊德不喜歡自主心靈這種觀念，但情結就是一個看得見的事實，它確實是自主活動的。[5]

## 1951年6月22日

我們說起團隊時，榮格說，他認為在一個醫生團隊裡還應該

---

4　貝納特著《榮格》（Chapter 6, p.92）：「我們應該記得，佛洛伊德曾說過（見《自傳研究》〔*An Autobiograpical Study*, p.124〕）：他頭腦裡所擁有的原始部落活動的觀念，只是一種『假設，或者說，是一種視野』（後以《圖騰與禁忌》的書名發表）。確實，佛洛伊德承認心靈中的非個人特徵，但在他的思想體系中，這種觀點並不具備觀察價值……他注意到了非個人因素，但卻一筆帶過了……回顧榮格與佛洛伊德的分歧，我們不禁悲哀地想到，假如佛洛伊德遵循他觀察到的存在於個人身上的古代積澱，他或許會發現，他與榮格關於集體無意識結論的一致性。」

5　《榮格全集·實驗研究·詞語聯想研究》（*Experimental Researches*, CW Vol.2, I, *Studies in Word Association*）中，榮格展示了情結的自主性。

有一些外行人，以保持平衡，這是非常重要的。

他繼續說他的會診。他把與病人的交談視為一種社交活動。即使一個人患有嚴重的精神官能症，也應該把他當做正常人來交往。談到直覺型人時，他說，把某些事寫下來並努力付諸行動，對這種人來說非常重要，「否則，他們就像用望遠鏡眺望遠山的人那樣，會感到好像身體已經到了那裡，但其實沒有，還得走到那裡才行。」

我問起器官疾病與精神官能症之間的關係，他說，尚不清楚它們之間的聯繫。他談到，在自由聯想實驗中，當病人觸碰到情結時，呼吸就會變得急促起來，這可能與肺結核有關。他常常從心理學的角度治療肺結核，當他們的呼吸獲得改善、呼吸變深沉時，他們的病情就會好起來。這是因為他急促的呼吸影響了肺最大程度的擴張。而佛洛伊德學派治療疾病，是讓病人蓋一條毯子躺在長沙發上，然後他們就真的生病了。榮格不相信長沙發的作用，而是把受到精神官能症困擾的患者當做健康人來對待。同樣，假如你掌握了一種教義的話，那麼就等於自認**從頭到尾都瞭解情況**，並用它來解釋所有的一切。假如沒有教義的話，你就必須去尋找答案來解釋，畢竟每個病人都是不同的。因此，精神病理學沒那麼簡單，你不能按照事先想好的想法來套用。

# 7.　　　　　　　　1952年冬

## 1952年1月14日 | 庫斯納赫特

與榮格夫婦吃早飯，然後與榮格散步。他說，共產黨人是沒有理想的，你永遠不能和這種人打交道，他們嘴上說的和平純屬胡說八道，只是為了拖延美國人的時間。你與白蟻是無法和平相處的，牠們只懂得鑽營；跟俄國人打交道就是這樣，最好能夠明白這一點。這是一種永無止境、沒完沒了的消耗。

他正與馮・法蘭茲合作研究一份手稿。這是他在大英博物館發現的一份古本，有好幾份副本。其中有一份，為安全起見，戰爭時期放在了萊頓。她（馮・法蘭茲）正在寫一篇關於該手稿的評述，將作為輔助讀物與榮格的作品一起出版。[1]

他告訴我：四十三年前修房子的時候，這裡到處都是草坪，道路非常寂靜，約有通向房子的那條車道的兩倍寬，籬笆牆一直延伸到現在的人行道。拓寬路面時，他不得不犧牲了自己的部分花園。我們走到一個小公園，坐在一個亭子下。有些寒冷，但陽光明媚。

晚上，發表完我的演講並與朋友們吃過晚飯後，我於十點十五分回到庫斯納赫特。榮格夫人為我開門，說他們都在書房。

---

1　《曙光乍現：一篇據說是湯瑪斯・阿奎那寫的關於煉金術中對立面問題的文獻》（*Aurora Consurgens: A Document Attributed to Thomas Aquinas on the Problem of the Opposites in Alchemy*）。瑪麗—路薏絲・馮・法蘭茲編輯並加注，作為輔助讀物，收錄進《榮格全集・神秘的結合》（CW Vol.14）。

榮格坐在他平時一貫坐的燈下靠窗的椅子上。他看上去有些蒼老，顯得有點疲倦，但還是一如既往地充滿活力，繼續談論著某個話題。他想知道，《主禱文》裡有多少條祈求，因為他正在寫這方面的東西（我想他是在為《答約伯》一書做校訂[2]）。我說，與其說是祈求，倒不如說是真正的請求或聲明，他表示認同：請求是個恰當的詞。「給我們每日的麵包」，不僅是普通的麵包，還是我們賴以生存的東西。他更喜歡傑羅姆（St. Jerome）的譯本[3]。他說，英文版《聖經》[4]的語言是非常精彩的，還有蘇黎世的《聖經》，譯得也非常棒。他給我看一份印有多種語言的教宗論告[5]，還有一份十七世紀巴洛克風格的拉丁文文本；他說我應該要擁有一份副本的，因為它實在太有趣了。

這是一幅相當感人的畫面：灰頭髮的榮格翹著腳，坐在椅子上，討論著拉丁文印刷本，榮格夫人站在他身後，臉上不時露出愁容。

## 1952年1月15日

早上與榮格一起散步，談論起無意識的問題。吃早飯時，他說，患者們的畫多有價值啊，因為這些畫給我們提供了無法直接獲得的無意識知識。我們無法直接觀察到無意識，只能被它吸

---

2　見榮格《答約伯》，1954年英文第一版；也見《榮格全集・心理學與宗教》（CW Vol.11, VI）。在其中的第八章提到了《主禱文》的第六、第七條禱文。

3　《榮格書信》第二卷。在1954年9月7日，致陸斯夫人（Cécile Ines Loos）的信中，關於祈求每日的麵包，榮格說：「……在《馬太福音》第六章，第十一節中，是這樣寫的：『Panem nostrum supersubstantiate da nobis hodie』（賜予我們，今天生存所需的麵包）。至少，聖・傑羅姆（St. Jerome）翻譯所依據的希臘文是這樣的（僅見於《馬太福音》）……」

引。就像珀爾修斯砍下女妖頭的傳說那樣：他只有看到女妖，才能砍下她的頭，因而他把盾當做鏡子，借助於側面的反光，揮舞著鑲鑽的劍砍下了美杜莎（女妖）的頭。

他說，原始人是始終處於無意識中的。他在非洲與埃爾貢山的土著人在一起的時候，他讓他們做任何事，都必須用非常戲劇化的表達才能使他們明白。[6]

說到科學的三條原理：時間、空間和因果律時，他說，還需要第四條原理，即，共時性原理。它也是一種原理。就這個問題，他正與一個物理學家合寫一本書，還沒有出版。

他說他的通信來往實在「太多」了，假如一一回覆的話，將會耗去他所有的時間。

## 1952年1月16日

與榮格一起吃早飯。陽光明媚。飯後，一起出去散步。榮格再次與我談起他夢見中世紀房子的那個夢，不過，這次談話的方式有所不同。夢境如下：

我在一幢房子的二樓，它佈置得有些像我書房——一種十八世紀風格的房子。我必須去看看樓下有什麼：漂亮的老式樓梯。一樓放著十六世紀笨重但漂亮的老傢俱。我想，「這太好了，我

4　《聖經》權威版。

5　關於聖母瑪利亞升天的聲明。

6　榮格寫的他在非洲的經歷及印象的評注，在《記憶、夢和反思》（p. 238ff）做了擴充。又見芭芭拉・漢娜《榮格：其生平和著作》（p.170-178）中的描述與評注。

不知道這裡是否有地窖——我感覺可能有。」果真有。我走了下去：牆皮剝落，牆壁裸露，露出裡面的羅馬磚。地面是用石頭鋪的，角落處有一塊帶環的石頭。我拎起環、搬開石頭向下看，下面是史前遺跡：骨頭、骷髏和舊陶器。[7]

他做這個夢的時候，正是他與佛洛伊德一起訪問美國克拉克大學期間。他把這個夢告訴了佛洛伊德，佛洛伊德說，這肯定意味著他想擺脫什麼人。佛洛伊德堅持自己的看法，接著說：「喔，這肯定意味著你想擺脫你的妻子。」討論過程中，佛洛伊德對夢裡出現的其他東西都視而不見，只注意到骨頭和頭骨，他將它們與某人的死亡聯繫了起來。佛洛伊德只從他自己理論[8]的角度來看待這個夢。

佛洛伊德受困於自己的理論，以此作為防禦，只有貶低一切，才能使自己處於優勢地位。因而，對佛洛伊德來說，精神僅僅是性。他可以解釋所有的事。他讓榮格保證：「答應我，你會支持關於性的教義。如果我們沒有教義，神祕主義的洪水猛獸就會捲土重來，把我們吞沒。」

---

7　見貝納特著《榮格到底說了什麼》（p.73）。關於這個夢，貝納特還寫了一段文字作為註腳：「1951年，榮格對我說起這個夢，並於1961年發表了這個夢（貝納特著《榮格》〔p.86-87〕）。榮格讀了這本書的列印稿，並增加了一些評注，包括一、兩個口頭修改。例如，他加上這句話，「在我的房子裡」，並說明加上這句話特別重要，因為這表明，他等同於房子，房子代表著人格的外在方面，即，他人所看到的方面。但在這個夢裡，房子的內部卻是不熟悉的東西。1963年又重新發表了這個夢境（見《記憶、夢和反思》〔p.155〕）。除了文字與這裡的描述有所不同，意思是一樣的。」

8　如果想更深入地理解這些談論的話，可參見《人及其象徵》（*Man snd His Symbols*, p.56-58），榮格對這個夢的評注。

佛洛伊德主義者們全都飽受 folie à deux（感應性精神病）之苦，把所有一切都簡化為其他的東西。與此相對的是榮格的集體無意識觀念：一種獨立的、更寬廣、更偉大的存在。

　　坐在涼亭，他告訴我，當他（對佛洛伊德）講完中世紀房子的夢時，「就在那個時候，就在那一刻，我產生了集體無意識的思想。」

　　他說，1930年以前，他反覆夢見他的房子旁邊有一間新偏房，一間堆滿了美妙手稿的可愛房子。那時候，他一點也不知道這個夢是什麼意思，但是，當他開始研究煉金術時，他發現，那個一再重複的夢[9]已經預言了這一切。他說，他做的夢都有類似的性質，他會夢見他將要寫的東西，就像這個中世紀的夢和集體無意識觀念的夢。

## 1952年1月17日

　　在我們談論夢與疾病時，他說起一個患有肌肉萎縮症的女孩。做諮詢時，他問起她的夢。她有兩個夢：在其中的一個夢裡，她的母親把自己吊在房子中央的大吊燈上，身體搖來擺去。在第二個夢裡，一匹馬發狂了，闖進房子，然後沿著走廊狂奔，跳出了窗口。

　　母親是生命之源，而馬象徵著生命原則，因此榮格感到這個女孩的前景不妙。他說，她不是精神官能症患者，她有病，這個

---

9　見《記憶、夢和反思》第七章〈著作〉（Chapter VII, p.194）。也可見瑪麗-路薏絲・馮・法蘭茲所著《榮格：我們時代中的神話》〈墨丘利〉（Chapter X, 'Mercurius', p.202）。

預兆非常糟糕。果然，不久她就死了。

　　他在一個美國的男性患者身上也看到了類似的問題。這個男人夢到他父親死了，而實際上，這個夢意味著他自己將會死去──「我和我父親是同一個人」。有一天，他抱怨他的喉嚨有些疼痛乾澀。榮格認為問題可能出在他的心臟。他親自檢查了此人的心臟，隨後，把他送到了心臟病專家那裡。但專家認為沒問題。榮格對這個診斷結果很不滿意。他說，當他把患者送到專家那裡時，專家或許在想：「哦，又是一個神經過敏的人！」他又把患者送回去做第二次會診，榮格對他說，如果專家認為他的心臟沒問題，就讓他把診斷情況寫下來。他照榮格說的做了。做完診斷後，就在回家的路上，這個人倒地身亡，衣兜裡還放著他的無病診斷。他其實患有主動脈瘤，而專家卻沒發現。

　　昨天，榮格談起伊底帕斯情結，他說，佛洛伊德曲解了這個故事。當伊底帕斯殺死他父親的時候，他並不知道這人是他的父親，對他來說，他只是殺死了一個他遇到的人。他的整個教義都是建立在這種曲解上的。

　　下了一夜的雪，清晨，當我們出去散步時，陽光普照，但依舊寒冷。榮格戴著他的皮帽子。不久，雪又下了起來。

　　這天下午，榮格的家裡來了五個學生。他們要求過來與我討論病例。我跟他們見面前，榮格已經在書房和他們聊過一會兒了。隨後，我和他們一起交談，榮格夫人來了，並加入了談論。很快，榮格也來了。結果我發現，最終他妻子和我，還有五個學生都成了榮格的聽眾。榮格沒有堅持到談話結束，待了約半個小時，參與討論完我患者的繪畫之後，就離開了。

　　晚飯時，我們說起這次談話，還說到其他病例。針對其中

一個患者，他說：「隨他去，看看無意識怎麼說，」接著又補充道：「我經常感到無比欣慰，因為我沒有把自己打扮成救世主。」

## 1952年1月18日

佛洛伊德的心理學是精神官能症心理學。它建立在患者的基礎上，患者們也喜歡有人可以用一種理論解釋他們的麻煩。

在對待身體方面的疾病時，你從來不會認為**只有一種**病因，你必須根據當時的情況去處理。一味地尋找父母的原因而去指責父母是無濟於事的。為什麼不把父母親也當做患者呢？

關於佛洛伊德的抗拒教義：當榮格反駁他時，他說榮格「不過是在反抗我。」但情況或許並不如此。如果我們堅持說，**這不過是**反抗的話，人們就洩氣了，不再表現激動了。不過，精神官能症的表現是好鬥，這不是一件壞事。有時候，為了給治療增加活力，比如說，當病人情緒過於穩定時，榮格不得不重新激發患者的精神官能症狀。

我提出了投射的問題。他說，「喔，它們隨時都會出現，我們得有心理準備。醫生一旦被捲入這種情景，就要做好被傷害的準備。沒有疾病，就沒有健康；沒有罪惡，就沒有善良。」

他提到一個不和人說話的病人，他問她：「你怎麼了？你為什麼不把想說的話說出來？」她要了一把鏡子，看著鏡子裡的自己說，在她來見他之前，她一直在候診室照鏡子。她是分裂的，為了知道自己在哪裡，她必須照鏡子。

當人們滔滔不絕地說話時，這是因為他們不想形成固定的觀點，這時候，他可能就會讓他們繼續說下去。有一次，他遇到

這樣一個病人：榮格在她講話的時候睡著了，還做了一個夢，病人一點也沒有察覺到，他告訴了她。她說，「啊，真的！」但馬上，她又開始喋喋不休地自說自話了。「這太令人吃驚了，」榮格說，「有些人是多麼自我陶醉啊。」

猶太人的心理學與他們的智力能力有關，而另一方面，又與他們的本能和經歷的苦難有關。他用拉比和他學生們的故事加以說明。在拉比的課堂上，學生們對他的話言聽計從。他說，「會叫的狗不咬人，」學生們都表示贊同。不久以後，他們去了一個農場，狗跑出來衝他們狂吠。拉比趕緊卷起褲管，與他的學生一起跑進樹林。「但是，」學生們說，「你不是對我們說過，會叫的狗不咬人嗎，你為什麼逃跑呢？」「喔，」他回答道，「說得對，但狗可能不知道這句話。」榮格補充道，「所以，假如你擁有了一種理論，你就必須對其他的東西置若罔聞！」

早餐時，他說起了占星術（他的一個女兒對此感興趣），以及因為他支持星相算命而批評他的德語書。有人寫信給他說，星相術無法獲得證實，都是胡說八道。他回答道：「這一點，我一直知道。」他繼續道，「它就像『雅典娜的貓頭鷹』那樣，告訴我它不能被證實有什麼意義呢？當然不能了！我想知道的是它為什麼有效，因為它的有效性是那麼令人吃驚。就像《易經》那樣，如果你願意，你也可以說它都是胡說八道；但假如它算準了，你又怎麼解釋呢？當然不可能每件事都能夠被證實了，但有可能存在著另一種真理：**或許它就建立在某種我們不知道的基礎上**。所以，假如我們理性的話，我們就會說，我們不知道它是如何起作用的，但它無疑能夠驚人地洞察到事物的本性。」[10]

醫生們關心的不是大腦，而是靈魂。**教堂也如此**──我們不

得不成為可憐的罪人，拋棄自我而接受可能會拯救我們的教條。

他說起作為自然科學分支的心理學，或作為醫學的心理學。當食物進入胃裡時，內科醫生必須知道發生了什麼，對大腦也應該如此。因而，昨天的座談會討論我患者的繪畫時，他提出這樣的問題：「從這些畫裡，你希望無意識做些什麼呢，有沒有聽說過該患者有解離病史？」回答是：作為補償，我們會發現以後的畫與第一幅畫是有關聯的，這是一種必然的反應[11]。我們讓患者畫畫，是為了讓他釋放一些東西，讓我們看到無意識正在做什麼。

---

10 榮格著《人、藝術與文學的精神》（*The Spirit in Man, Art, and Literature*）。《榮格全集・紀念衛禮賢》（CW Vol.15, III, *Richard Wilhelm: In Memoriam*, p.82）：「事實上，從一個人的出生資訊所顯示的占星術相對有效性中，相當準確地再現他的性格，這是可能的。然而，必須記住，出生日期與實際的天文星座並沒有絕對的關係，而是建立在一種武斷的、純粹是構想出來的時間體系上的。這是由於歲差的緣故……（使得）占星術的黃道十二宮中，每個計算出的星座，不再對應於實際的天體星座。假如在實踐中，由占星術判斷出的性格準確的話，這並不能歸功於行星的影響，而歸功於我們自己假定的時間特性。換言之，在特定的時刻，不管是出生、還是做什麼事，都具有這一時刻的特性。」

11 這篇貝納特醫生出訪蘇黎世期間在榮格學院所做的演講，後來發表在《榮格分析心理研究》（*Studien Zur Analytischen Psycholigie C G.Jungs*）上。1955年，當榮格八十歲誕辰時，作為禮物送給榮格的《紀念文集》收錄了該文。它的題目為〈雙重性〉（'The Double', Vol. I, p. 384ff）。

# 8.                                               1955年冬

## 1955年1月21日｜庫斯納赫特

下午四點半到達蘇黎世車站，見到榮格夫婦。在庫斯納赫特與榮格一直聊到吃晚飯。我說起精神療法，他提到一個看起來毫無希望，「本該」死去的癌症患者，但後來他的病情卻沒有明顯惡化。

關於**催眠**。我問道，佛洛伊德放棄它，是不是因為他無法對強迫症患者實施催眠？榮格說，他不這樣認為。他認為佛洛伊德具有探究精神，不喜歡盲目地工作（榮格自己也如此），因而開創了精神分析。

榮格說，他曾一度大量使用催眠術，他的上司[1]讓他這麼做的。但是他沒有取得其他人所聲稱的成果，比如說，對催眠的各個階段做過詳細描述的老弗雷爾[2]所取得的成果。榮格透過住在弗雷爾（那時他已退休）家附近的一個年輕同事見過他，問他是如何測試深度催眠的。弗雷爾勃然大怒：「測試？多麼無聊的問題啊！你怎麼可以因為要『測試』深度，而吵醒或打擾催眠中的人？！」也就是說，弗雷爾並沒有測試過它們，只是猜測而已。

弗雷爾曾對伯格霍茲里（Burghölzli）[3]的老看門人實施過催

---

1　尤金・布雷勒（Eugen Bleuler），蘇黎世大學精神病學教授。1900年，當榮格進入伯格霍茲里醫院工作時，任主任。
2　奧古斯特・弗雷爾（August Forel），布雷勒在伯格霍茲里醫院的前任。

眠。榮格就這事問過看門人，他告訴榮格，他從來沒有真正進入過催眠狀態。確實如此，看門人並不相信催眠術。

另一個相同的例子是榮格的母親。她對榮格說，催眠術大多是胡說八道，榮格回答道：「喔，不，我演示給你看。」他讓她伸開手臂，然後說：「現在，你放不下來了。」她說：「不可能，我可以放下。」「好吧，那你就放下吧。」她說：「不行。我沒有被催眠，但我就是不想放下來。」榮格的妻子和妹妹都在場，她們都笑了起來。然後，他又抬起母親的一條腿，使之與地平線平行；他讓她手臂向上舉，腿向外伸。然後不讓她動，直到榮格讓她動她才能動。儘管這樣，可她仍然堅持說，她沒有被催眠。

老弗雷爾常常把一群病人集中在一個房間讓他們睡覺。他們都睡了（或裝睡），然後，他會離開他們一會兒，當他們聽到他回來的聲響時，他們又會假裝睡著。每當老弗雷爾走進南錫[4]的伯恩海姆（Bernheim）診所時，鐘聲就會響起來，病人們就會馬上去睡覺。

催眠術的局限在於，你使病人們失去了主動性，這有點像

---

3　【編註】蘇黎世大學伯格霍茲里精神專科醫院當時可謂精神醫學聖堂級的機構，也是榮格早期嶄露頭角之處。

4　十九世紀中葉，隨著諸如詹姆斯・布雷德（James Braid）等人的工作成果的發表，在法國激起了對催眠現象的興趣。正是利貝爾特（編按：Ambroise-Auguste Liébeault，被認為是現代催眠治療之父）獨立地得出了催眠現象純粹產生於主觀的結論，並從他的工作中發展出了現代催眠術。1864年，他創建了著名的「南錫學派」。然而，他和他的追隨者並不承認這個「學派」，他們的觀點分歧很大。利貝爾特一直默默無聞，直到1890年代，他的貢獻才獲得南錫「學派」的主要代表伯恩海姆的承認（《催眠術歷史、實踐和理論》，米爾恩布拉・姆韋爾著〔*Hypnotism, it's History, Practice, and Theory*, by J. Milne Bramwell〕）。

（佛洛伊德的）精神分析。

　　不預先知道全部答案，這是非常重要的。通常我們是不知道的，如果我們什麼都知道，那反而不好，因為讓病人自己發現答案更有價值。病人不應該依賴醫生，因為這樣會使他們變弱。在諮詢時，醫生應該把病人當作正常人，與他們正常交往——當然，應該考慮到他們的精神官能症或問題所在，但這並不是他們整體狀態。當一個人總是看到別人的過錯時，這意味著他本身就不成熟，他是把自己劣勢的一面投射給了他人。妒忌始終意味著，我們看到別人做了我們應該做，但由於自己的懶惰或能力不足沒有做成的事。批評他人總是更為容易。

　　他說，太多的人癡迷於時間、地點和因果關係的重要性。可是，有很多事情並不適用於這種觀點，比如說，預言性的夢：這種夢應該被記錄下來，然後，或許是幾個星期之後，這種情形就會在真實生活中出現。這是因果關係嗎？但是，人們還在用這種方式來解釋 déjà vu（似曾相識）的案例。

## 1955年1月22日

　　午飯後談起《答約伯》[5]、人們對它的回饋，以及欣賞它的人。他舉了一封引起他注意的來信為例，這封信是黑森林的一個女修道院院長寫的，就像一封來自十三世紀的信：這封信在過去是有價值的，因為她知道，讓聖母懷孕是上帝的旨意。許多都是負面批評。他補充道，他從來沒有獲得過好評，但就像叔本華說

---

5　榮格《答約伯》，1954年英文第一版。又見《榮格全集・心理學與宗教》（CW Vol.11, VI）。

的那樣：「我知道，讀過我作品的人，還會再來讀。」他說，
「因為我知道我的出版商對我說的話。」

## 1955年1月23日

　　早飯後與榮格談話，我們走進了公園。他又說起他已出版的
關於共時性的書。[6] 科學家們無法理解共時性，但它其實很簡單。
平均值是統計學上真理，這只是一種概念；而它恰好暗示著，**肯
定會有例外**，在一般的空間、時間和因果關係規律之外，還存在
著各種例外。一些非因果關係事件所具有的特徵不僅僅是偶然的
聚合，而是有意義的巧合，他把這類事件稱為**共時性事件**。他提
到有個目光短淺的人，這個人把他（榮格）寫的共時性作品拿給
一個統計學家去檢驗。他說，這本書不嚴謹，這涉及到統計學
真理。他又問榮格是否相信占星術，因為榮格在書裡提到了占星
術。榮格說，對這種概念，不需要去「相信」它——他只不過注
意到，有時候它們有相關性。科學家們用統計學真理來描述**常
態**；而它的預設前提是，在他們的概念中預先已經排除了極端的
非正常狀態。他舉了一個例子：測量河床裡一平方碼中的所有石
頭，並算出它們的平均值——比如說平均值是六英吋，那麼，六
英吋就是石頭的「正常值」。而許多更大或更小的石頭就不是
「正常值」的石頭。那些無法用時間、空間和因果關係描述的事
情同樣如此。再比如說，預言或應驗的夢，這些也不屬於正常範

---

6　榮格與泡利（W. Pauli）合著《自然與心靈的詮釋》（*The Interpretation of
　Nature and Psyche*），1955年英文第一版。這本書由榮格撰寫部分〈共時性：
　非因果連接原理〉（Synchronicity: An Acausal Connecting Principle），也見於
　《榮格全集‧心靈的結構與動力》（CW. Vol.8, VII）。

圍，所以被他們嗤之以鼻。

我問到在他和佛洛伊德一起去美國之前，他們去不來梅（Bremen）的事。當時，因為榮格想去看保存在鉛窖（那是存放教堂屋頂鉛板的地窖）裡的屍體，以及另外一些保存在土裡的屍體，佛洛伊德很不高興。因為佛洛伊德認為（並且說了出來）這麼做是「你希望我死」。但這只是他自己的想法。午飯時，就在他們談完這些令他心煩意亂的屍體後，佛洛伊德當場暈倒。在慕尼黑的時候，他又再次昏倒，這件事是瓊斯說的[7]。榮格說，瓊斯不知道他和佛洛伊德說起過阿蒙諾菲斯四世[8]，因為那時瓊斯還不會說德語，總之他跟榮格從來沒有說過德語。瓊斯也去了克拉克大學，參加了佛洛伊德和榮格的演講。

我告訴他，由於權勢的擠壓，我已辭去分析心理學會的職務。他說很多年前，他在俱樂部[9]也做了完全相同的事，在他離開那裡八個月後，他們又「請求」他回去。他認為我做的完全正確，這是我唯一的選擇，哪裡都有打自己小算盤的人……他接著說，人們總是看不清自己正在做些什麼，即使到了今天，德國人還在為戰爭指責英國。他們說，他們打英國是因為英國沒有進攻

---

7　見歐尼斯特・瓊斯（Ernest Jones）著《西格蒙德・佛洛伊德：生平與著作》〈異見〉（*Sigmund Freud: Life and Work*,[Hojrth Press, Lodon 1955], Vol. II, Chapter V, 'Dissensions', p.165）。

8　這裡的討論指的是阿蒙諾菲斯四世（Amenophis IV）毀壞他父親墳墓的事。佛洛伊德將這個行為解釋為他對他父親的否定態度，然而榮格卻指出，許多法老都會改造或者再次使用他們先輩為自己建造的墳墓，這是一種普遍接受的風俗。退一步說，清除「阿蒙（Amon）」的名字的破壞行為也是出於宗教的理由。在《記憶、夢和反思》第五章〈西格蒙德・佛洛伊德〉（Chapter V 'Sigmud Freud', p.153），榮格講述了這件事及其意義。

9　蘇黎世心理俱樂部，成立於1916年。

他們，假如英國開戰，他們就會停火。他跟我說，在戰爭一觸即發的時候，有個人整天在萊恩橋（Rhine bridge）上看英國飛機。飛機沒來的時候，他說，「現在我們可以走了！」就像一個淘氣的孩子為他們想做的事找藉口一樣。因而，在他們自己的眼裡，德國人是無可指責的，因為假如英國人開戰，他們就會停止進攻！當被問到集中營時，他們推得一乾二淨。德國，這麼大的一片土地，全都變得毫無人性。

## 1955年1月24日

　　與榮格一起開車去格里芬（Greifensee）。我們沿著湖的另一邊，兜了一圈去拉珀斯維爾（Rapperswil）。格里芬是我們停車的第一個村莊，我們在那裡的一座古堡外看了看，然後開車去烏斯特看修復好的羅馬城堡。天氣很冷，榮格一點兒也不覺得疲倦，興致勃勃地指指點點。他說起羅馬人在修建堡壘時是怎樣選址的：他們先是圍繞著這塊地犁出一個圓圈；在圓圈中心挖出一個洞（基座），這是在他們開始修築要塞前給土地神獻祭的地方。

　　在拉珀斯維爾，我們圍著一座方濟會修道院散步。我問起會給動物治病的羅伯特神父。榮格對他十分瞭解，但從來沒有見過他，他剛過世不久。榮格對我說起他有一次是怎樣治好一頭生病的小象的。一個非常有名的馬戲團總是在拉珀斯維爾過冬，其中就有這頭兩、三歲的生病小象。當地的獸醫怎麼都治不好；叫來其他地方的獸醫，還是治不好。隨著這頭象越來越虛弱，大家的憂慮與日俱增。最後，就在瑞士所有獸醫都一籌莫展的時候，他們派人請來了羅伯特神父。他和小象在一起待了一個半小時，他凝視著大象的眼睛、輕輕地拍打牠。「不行，」他說，「魂已經

走了，牠沒有反應。」他一直盯著牠的眼睛，拍牠，對著牠的耳朵說悄悄話。榮格另外補充道：「對著動物的耳朵低語總是一種行之有效的辦法。」羅伯特最後又看著大象說，「現在好了。」而牠真的就好了。[10]

這個地區的人大部分是新教徒，但他們卻去天主教修道院給他們的牲口看病，因為他們自己教區的牧師已經「沒有任何魔法」了。方濟會保留著人畜之間親如兄弟的傳統，如果他們的母牛生病了，不出奶或無精打采，農民就會去找修道士。農民給修道士五個法郎，「因為，」榮格補充道，「即使是虔誠的方濟會修道士也要生活的啊。」修道士讓他在紙上寫下母牛的名字。農民對他們的母牛呵護備至，給牠們取了最有魅力的名字，長得最漂亮的通常叫做維納斯。修士們把一張紙條塞進袖口，過一會，他說，「好了，你的母牛明天就會出奶，」**果真如此**。拉珀斯維爾修道院以治療動物而遠近聞名。

我問他怎麼看待這種事，是怎樣達到治療效果的。他說，這很難說，不過他認為，至少部分認為，不管怎麼說，農夫把他們的牛牽到神父那裡，確實是非常隆重的事，每個人都會嚴肅對待。這樣做，會使得農場的氛圍更加祥和。他說，母牛對氛圍是非常敏感的，如果農場有什麼騷亂或爭鬥，牠出奶就有困難。所有問題到了神父那裡就解決了，農夫的心情平靜了，這對母牛是

---

10　芭芭拉‧漢娜小姐在評論被治癒的大象時補充道，這頭大象是在馬戲團出生的，從來不知道大自然的自由。由於人們長時間對牠的控制，使牠的生命受到了限制，結果牠生病了，病倒了。這頭大象仇恨人類。羅伯特神父是第一個真正與牠接觸並交流的人。這麼做的結果，使得大象與人建立起了聯繫，從而使大象又重新接受了牠的生活環境。就是這種東西治好了牠，讓牠活了下來。

有利的。

　　他提起他們波林根那裡的一個巫醫，他也給母牛治病，他知道母牛在騷動的氛圍下會有什麼樣的反應。一次，一頭母牛不出奶，農夫去諮詢巫醫。他問，是誰擠的奶，農夫說，是他自己擠的，但平時是她妻子擠奶。「那你擠奶時必須穿上一條裙子，」巫醫說。農夫照著巫醫的話做了，效果非常好。還有一個類似的例子，有個農夫用電動擠奶機（之前是由婦女擠奶的）時，母牛不出奶。他向巫醫求助，巫醫回答說，「讓那個用電動擠奶機的男人穿條裙子。」他照做了，立即擠出了滿滿的奶。變化會打亂牠們的生活，牠們已經習慣了牛棚裡的婦女。

　　午飯在拉珀斯維爾車站吃自助餐。榮格說起**積極想像**[11]，他嘗試著教一個學生，但沒有成功。他對此人說，他應該像運動員看著靶心一樣盯著內在意象：不要去移動它，而是隨著它動。於是此人看到一幅畫面：在一個懸崖峭壁，一頭羚羊無比安詳的站在那裡，然後，羚羊轉過頭凝視著他。他感到害怕，跳下床跑到了他妻子那裡。有一部分大腦是自己活動的。這個人無法面對無意識，乾脆逃開了。後來，他成了一名納粹分子，像其他人那樣，被捲進了德國人的集體瘋狂無意識之中。

---

11　在「《黃金之花的秘密》（*The Secret of Golden Flower*，衛禮賢譯，1931年英文第一版，p.90-92）的評述」中，榮格描述了他稱為的「積極想像」過程。該評述也分別發表在《榮格全集‧煉金術研究》（*Alchemical Studies*, CW Vol.13, I, paras.20-24 ）。又見於榮格所著《心靈的結構與動力》之〈超越功能〉（CW Vol.8,'The Transcendent Function', paras. 167-174）。

在交談中，我發現榮格非常敏銳。如果我哪裡說的不清楚，他絕對會當場刨根問底，直到把細節都弄得非常精確為止。

## 1955年1月25日

早飯時，我提到那些難以記住的夢。榮格微笑著說，他也在思考這個問題，「也許是無意識想放棄它們，感覺不需要再進一步探索了！」不過，他又補充道，「也有可能是因為我們已經領會到了，任何一點可能或必要的修正都不需要了。」

我們得到了我們尋找的東西，其他不需要的東西就會視而不見，就像挖煤的時候，看到鈾也把它拋進垃圾桶一樣。其他事情也是這樣，比如說，在診斷精神病症狀時。

午餐時我們談起團隊治療。他說，團隊治療有利於處理社會因素，這就是為什麼他成立了蘇黎世俱樂部。但他說，團隊治療不能取代個體治療，男人和女人都應該由異性對他進行心理分析，也可以由同性來做（因為男人無法把男人的阿尼瑪完全聚集起來，或女人無法把女人的阿尼姆斯完全聚集起來）[12]。社會層面的治療是需要的，這是個體治療或個體分析無法提供的。

## 1955年1月26日

寧靜的早晨，大部分時間是我一個人。

午飯後，與榮格，和回來喝茶的芭芭拉·漢娜出去兜風。弗賴醫生（Dr. Frey）來吃晚飯。吃完飯後，她和榮格夫人一起去蘇

---

12　見《榮格全集·艾翁》〈朔望：阿尼瑪與阿尼姆斯〉（*Aion*, CW Vol.9, Part II, Chapter III, 'The Syzygy: Anima and Animus'）。

黎世參加一個會議。

因而晚飯後，榮格就和我一起去了他的書房。像往常一樣，他坐在靠窗的椅子上玩單人紙牌。他說他喜歡這樣，因為這可以讓他回味一天來發生的事，也可以讓他思考其他一些問題。我在光線暗淡的書桌旁坐下。萬籟俱寂，除了他玩牌的聲音和我鋼筆的刷刷聲……

想不到榮格又開始聊起《答約伯》，並對我講述起這本書來。《舊約》和《新約》中的宗教，談的既是天體演化論，同時談的也是心理問題。（德日進[13] 不會同意這種說法。）作為天體演化，它顯示的是**意識從無意識中演化出來的過程**（這是對思想演變的精彩評述）。耶和華是古老部落的神，因而也是殘忍的。祂必須代表一切，同時祂必然會看到自己的殘忍：**祂要讓人自己產生意識**——因而，人對祂來說是絕對需要的。天父得獻出基督和祂的血，也同樣如此。「在此之前，怎麼沒有人看到這一點並提出過呢？」他問。接著，他自己回答道，「就像安徒生童話[14] 中的兩個『騙子』那樣，帶著一件長袍來見國王，他們對國王說，『只有從來沒有撒過謊的人才能看見它，』國王撒過謊，他看不見，但又不能說出來，因為這會出賣他自己。在公開場合，沒有一個人能看到這件袍子，也沒有任何人敢於承認看不見，直到一個被父親抱在懷裡的小男孩大聲叫了出來，『喔，看哪，那個人只穿著襯衣！』我喜歡這個小男孩」榮格說，「因為我把我看到的都說了出來。」

---

13　皮埃爾・泰亞爾・德・夏爾丹（Peierre Teilhard de Chardin，漢名：德日進）遺著：《人類現象》（*The Phenomenon of Man*），出版於1955年。

14　安徒生：《國王的新衣》。

現在讀《聖經》的人裡面，有許多人是不相信《聖經》裡的故事的，但他們還是在讀。耶和華是古老觀念的說法是不好的，這只是從心理學上說的。人們指責他（榮格）的地方，也在於此。說他沒有讀過「高等批判」（Higher Criticism）[15] 也不好。他唯讀《聖經》，如果他理解得不對，人們會看出來的。近兩千年來，高等批判的細節從沒有對發行的《聖經》造成絲毫改變。「我很沮喪，」他說，「醫生們不想審視或批評這本書，而神學家們又不說出他們的想法。」

他說，教宗[16] 是個非常有魄力的人，榮格很喜歡跟他見面，但這種見面沒有多大意義，因為他（榮格）不想改變自己的觀點，教宗也不會。不可能因為榮格寫了《答約伯》，人們就說他不是個基督徒，因為，他寫的所有東西都可以在《聖經》裡找到，一目了然。

他說起了作為集體無意識精神的**聖靈**。

他身材偉岸地站在屋子中央，激情洋溢，滔滔不絕——很難相信，他已經快八十歲了。

## 1955年1月28日

早飯後與榮格散步。提到羅伯特神父治療母牛的事，他說起另一種可以置人於死地的「釘」術。（釘：把一顆釘子釘進樹

---

15　【編註】「聖經批判學」分為高等批判、低等批判，後者著眼文字本身的構成和含義，即文本批評，高等批判著眼於考察《聖經》各個章節的作者、寫作日期以及寫作地點等，基本上已揚棄「聖經無誤論」，挑戰傳統教會對《聖經》所賦予的絕對權威。

16　教宗庇護七世。

心，樹和樹的主人就會慢慢地死去）。他說，瑞克林（蘇黎世的法蘭茲・瑞克林神父〔Dr. Franz Riklin〕）曾告訴他，他的一個病人曾釘死了他父親。父親種了一些果樹，兒子用盡全力把釘子釘進他父親最喜歡的一棵樹裡。兒子每天悄悄地看他父親走到樹旁看著這顆釘子，而兒子日復一日地把釘子釘得越來越深。三個星期後，父親死了。兒子由於內疚來找瑞克林看病。

他又提到以前說到過的那個波林根的巫醫。曾經有個人生病了，前來向他諮詢。他找不出這個人的病因，但發現有人「釘」了他。巫醫是個大個子，他找到那個釘他的人，讓他把他帶到那棵樹那裡，拔出了釘子。患者不久就痊癒了。

散步後，與榮格愉快地出去兜風。我們來到邁倫（Meilen）高地，腳下薄霧繚繞。在那裡，我們可以看到整個瑞士中部地區都在陽光普照之下、霧靄繚繞之中，還有腳下的霧海。榮格指給我看環繞著桑迪（Säntis）的皮拉圖斯山（Pilatus）、瑞吉山（Rigi）、少女峰以及許多其他山脈，還有腳下苜蓿湖（Lake of Lucerne）的位置，以及楚格（Zug）和蘇黎世。我們大約可以看到六、七十英里的範圍，太陽下，感覺十分溫暖。

我們在山上談到瑞士保留下來的古老觀念。他說，在瑞士法語區有父代母育的風俗（the couvade），可能至今還保留著：婦女分娩丈夫要回避，孕婦穿上丈夫的軍裝，旁邊放著他的劍，這樣，「當魔鬼來的時候，就能看到她是受到保護的」。他還說起波林根附近地區的魔鬼血盟：人們抽出血，用血寫下他們的名字，以此與魔鬼訂下盟約。他提到曾把母牛送到羅伯特神父那裡治療的一個房客（他之前說過的。房客的兒子是波林根的巫醫，人們從遙遠的地方趕來向他求助。有一次，榮格問他是否能夠移

走魔鬼施加於人的魔法，他說，「當然，當然可以！」他說，這些魔鬼過去總是沒完沒了地騷擾他，在他的房子裡弄出嘎吱嘎吱的聲音和其他聲響。當榮格問他如何對付這些精靈時，他告訴榮格，在波林根附近的森林裡，有一個舊採石場，那裡埋著他從其他人身上取出來的六百個魔鬼，他圍繞著採石場畫了一個圓圈（魔圈），這樣，那些魔鬼就逃不出來了。一個來波林根的陌生人對客棧的女孩說，這裡太吵了，他待不下去，女孩說，「喔，可是這裡很安靜啊！」然後，他說他住的房間有嘎吱聲和吵嚷聲；榮格說，「是不是某某人住的房間？」——沒錯，那正是**巫醫的房間**。

回來的路上，他指給我看庫斯納赫特一幢曾接待過邱吉爾的十七世紀的建築[17]。他曾作為瑞士精神和智慧的代表，坐在邱吉爾旁邊。之前，在伯恩，他也曾作為聯邦政府總統的客人，享有同樣的殊榮，坐在陪同邱吉爾出訪的邱吉爾女兒瑪麗的身旁。他說，邱吉爾是個不苟言笑的人，除非你的話題令他特別感興趣。

榮格說起埃及的馬赫迪戰爭[18]，邱吉爾馬上變得非常健談，還談到了政治。他說瑪麗‧邱吉爾非常有趣，相當容易興奮。投向

---

17　赫裡堡希夫莊園（The Haus Schiff in Herrliberg）：除了伯恩，二戰結束後，另一個接待邱吉爾的地方。

18　馬赫迪（Mahdi）一個阿拉伯人的一個頭銜，意思是 「他是受到正確引領的人」。根據穆斯林傳統，穆罕默德曾宣稱，他的子孫中將會有一個給世界帶來公正與正義的人，並將被命名為al-mahdi。世世代代以來，這個頭銜引來許多野心家的垂涎。1881年，為了建立帝國，穆罕默德‧艾哈邁德 （Mahomed Ahmed）篡奪了權力。在1884年的馬赫迪起義中，戈登（General Gordon）被派到喀土穆（Khartum），安排疏散由埃及人統治人的蘇丹人。戈登在喀土穆被馬赫迪軍隊包圍，1885年1月，在他的援軍抵達的兩天前，戈登被殺死。這裡說的就是這場戰爭。

他們的鮮花和一盒盒香菸幾乎裝滿了馬車。我問，有沒有因他兩次都被邀請去接待貴賓而遭人嫉妒，他說，「喔，天哪！事後，我不得不把自己藏起來！我之所以被請去，或許只是因為我非常瞭解英國人，能說善道。」

剛開車出來時，他問我是否已經讀完了《答約伯》（我不知道他已經注意到我正在讀這本書），問我是否有所觸動。

他說起，他曾經問一個神學教授是否讀過《以諾書》。此人沒有直接回答，而是說，「喔，我得去讀！」榮格說，「人們不瞭解這些東西，也不去讀它們。」他說，「人子」（Son of Man）的術語來自《以諾書》（作者佚名），但這個術語早就有了。[19]他說道，現在正是由雙魚座末期進入水瓶座的時期，因此我們的時代極為混亂。他也提到以前埃及人崇拜的白羊座時期；還有在那之前，我們尚無明確記載的波斯金牛座時期。[20]

然後他說，這三個時期的形象都代表著男性，而第四個形象卻是女性；我們已經有了以諾、以西結和以利亞（Enoch, Ezekiel, and Elijah），然後又來了第四個瑪麗亞。同樣，在埃及，先有三

---

19　《榮格全集‧心理學與宗教‧答約伯》（CW Vol.11, VI, paras.665-668）：在《以西結書》中第一次出現了「人子」這個說法。西元前六世紀的前半葉，這本書就開始寫了。在大約西元前一六五年的《但以理書》（7:13）中，提到過這本書。在六七七、六七八段中，榮格繼續寫道：「當耶和華把以西結稱為『人子』時，最初指的只不過是晦澀的謎一般的暗示，但現在已經清楚地知道：在《以諾書》（約寫於西元前一百年）中，人不僅僅是神聖啟示的接收者，同時還是神聖戲劇的參與者……它如此令人著迷，以至於人們幾乎可以認為，他對於即將到來的道成肉身，具有相當特殊的領悟力。」

20　【編註】占星學上有以兩千年為一個「大月」的說法。西元前四千到兩千年為金牛座時代；西元前兩千年到西元一年為牡羊座時代；西元一年到兩千年為雙魚座時代，爾後就進入水瓶時代。占星學家對於水瓶時代的開始時間有一些分歧，大致開始的時間從2000年到2050年，1991年到2012年為過渡期。

個國王，然後才有第四個女王。

茶點後，我和榮格夫人聊天。我問起**親屬力比多**（kinship libido），她說，「是的，它就像家族中的親戚關係一樣；但也應該把家族關係延伸至外面的世界，而不僅僅止於本家族。」因而，對那些來我們這裡做分析的人，我們一方面保留著「家族感情」，一種友善的感覺，同時也必須把它延伸到外面的世界，延伸到集體關係，家庭關係以及心理分析之外的關係。因此，關於阿尼瑪的知識應該成為通向其他關係的階石。

榮格說起二戰前在倫敦見威爾斯（H.G.Wells）的情景。威爾斯請他吃飯，他接受了。（我想，這應該在二〇年代末，因為在倫敦演講時，威爾斯第二次邀請他，被他拒絕了。）他們開了香檳，吃了一頓美妙的晚餐。隨後，威爾斯問他精神病的起源。他告訴了他，思覺失調症的形成以及神經錯亂是怎麼回事。當他描述時，他吃驚地看到威爾斯縮成一團——椅子裡的他，似乎不存在了，全神貫注地吸收著榮格所說的每一句話。之前，他是非常健談的。榮格對他說了很多，說到各種投射，以及精神病人可以用一種不同於自己想法的方式生活或試圖做到這一點。榮格談了半個晚上，談話結束時，威爾斯好像突然把這一切都忘記了，又在完全不同的話題上滔滔不絕起來。所有這次談話的內容，經過精心整理，後來都在威爾斯的《克莉絲蒂娜·阿爾伯特的父親》（*Christina Alberta's Father*）一書中出現了。榮格說，當他看到威爾斯以一種「非凡的方式」吸收了他所有說過的話時，那次談話的情景又浮現在他眼前。這次談話還被搬進他的《克利索爾德先生的世界》（*The World of Mr. Clissold*）一書，這個夜晚還被記錄在威爾斯的自傳裡，但是他隻字未提榮格，在這兩本小說中，也

沒有任何對榮格表示感激的話。[20]

　　晚上，坐在書房，榮格玩單人紙牌，榮格夫人躺在沙發上看書。非常安靜祥和。我剛剛讀完《答約伯》。多年之後，回想起當時的氣氛，真是妙不可言，也彌足珍貴。

---

21　《榮格全集・煉金術研究・對黃金之花的祕密的評述》（CW Vol.13, I, *Commentary on The Secret of Golden Flower* paras.53）：「精神錯亂是由於被無意識佔據，同樣，既然兩者的內容如此不同彼此否定，因而，無意識內容無法融入意識，意識也不能融入無意識。這種態度就相當於說：『我們對上帝不再有絲毫恐懼，相信萬事萬物都通過人類的標準來判斷。』這種意識的傲慢或狹隘，是通向瘋人院的捷徑。我想起在威爾斯的長篇小說《克莉絲蒂娜・阿爾伯特的父親》和施雷貝（Schreber）的《我的精神病回憶錄》（*Memories of My Nervous Illness*）中，對該問題出色的描述。」

# 9. 1955年夏

　　到蘇黎世參加榮格八十歲生日。

## 1955年7月23日，星期六

　　去蘇黎世，在那裡見到榮格，隨後去庫斯納赫特的西斯特拉斯吃午飯，接下來加入了榮格一家為榮格舉辦的生日慶典。慶祝活動是在斯塔法湖（Stafa）上的家庭遊船上舉行的：從蘇黎世到施梅里孔（Schmerikon），湖的總長四十三公里。船上有三十八個人——有那麼多的孩子和孫子；還有兩個從庫斯納赫特來的小曾孫，他們太小，不能上船。在場的人中，只有露絲·貝利（Ruth Bailey）和我不是榮格的家庭成員。

　　其中一個小孫子落落大方、興致勃勃地對榮格發表了一次演說，他站著做了一次漂亮的脫稿演講。後來，我們進行了一次問卷調查的測試，所有的問題都與榮格有關。全程源源不斷地提供美味佳餚、葡萄酒、遊戲和水果。

　　我們在靠近拉珀斯維爾的烏弗瑙島（Ufenau）下船，然後去了教堂。這個島屬於艾因西德倫（Einsiedeln）修道院，他們准許榮格進去參觀。這個島因為路德的朋友胡登[1]在此度過他最後歲月，並魂歸於此而聞名於世。島上有兩個教堂，都很古老。大的

---

1　【編註】指宗教改革的馬丁·路德，和他同陣營的戰友胡登（Ulrich von Hutten）。

那個是諾曼第人的，大概有一千年了，但現在已經關閉了。

接著，我們繼續泛舟湖上。令人猝不及防的是，榮格的三個孫子在正對他波林根塔樓的地方，從甲板的頂棚上裠進了水裡。船在一陣搖晃後停了下來，在眾人的喝彩聲中，他們又重新爬上了船。當他們跳下水的時候，驚飛了兩隻魚鷹。

然後繼續駛向施里梅孔，去了我曾住過幾次的**百德旅館**。酒店老闆的亨利·庫斯特已經在「地下室」或者說在底樓準備好了宴席。樓上正在舉行一場婚宴。

我們吃了一頓豐盛的晚餐，席間插曲不斷。一開始，榮格的女婿弗里茨·鮑曼（Fritz Baumann）的演講贏得了陣陣掌聲；接著，成群結隊的孫子孫女，表演了各種各樣的節目，例如，他們表演在波林根的生活細節，裡面充斥著大量的家庭笑話。另一個「節目」是模仿四個「電台節目」：兩男兩女四個孩子走出來，面對榮格夫婦站著，然後再轉過身面向大家。每個人扮演一個電台節目。一個哲學，一個農業，一個家政（我想），還有一個心理分析節目。當然，這些「節目」中穿插著種種別開生面的笑料。然後，他們從地上抬起一個裡面裝著巨型火腿的大盤子，獻給榮格，他掏出大家熟悉的水果刀，把它切成薄片。他一直隨身攜帶這把刀。孩子們的表演精彩絕倫，他們都非常自然地進入角色，讓我留下了無比深刻的印象。

## 1955年7月24日，星期天

早餐後與榮格聊天。他提到波林根的巫醫，我們昨天在船上時曾看見過他山上的房子。巫醫有一本非常古老的書，是一個喜歡他的艾因西德倫修士送他的，那時他還是個孩子。這是一本古

籍的翻印本，裡面收錄了所謂摩西的第六和第七本書[1]。這是一本托偽之作，裡面包含著黑魔法以及對女巫們的詛咒。

　　這個巫醫透過**使人平靜**的辦法來幫助人們。榮格曾在農場看過他工作。農夫和他的兩個兒子站在大倉庫的角落處，巫醫站在另一個角。他拿著他的祈禱書讀著，脖子上圍著一條藍色絲帶；榮格因不能走近，所以看不清絲帶上掛著什麼，因為他只能待在人們不注意的地方。

## 1955年7月25，星期一

### 榮格的80歲生日慶典

　　上午十點半，在都勒大酒店舉行招待會。我是和芭芭拉·漢娜一起去的。酒店大廳的公告欄上寫著：「十點半雞尾酒會」！我們喝著酒，人們都圍著小桌子擠坐著。邁爾（C.A.Meier）和其他人都發了言，在更多的人發了言之後，接著是贈送紀念文集[3]和《榮格抄本》[4]。巴塞爾大學校長，還有從洛桑市趕來的鮑德溫

---

2　摩西的五書，一般被稱之為《摩西五經》。這是《舊約》最初的五本書，傳統上認為是摩西寫的。

3　《榮格心理分析與研究 》（*Studien zur Analytischen Psychologie C.G. Jung*, Vol. I and II, Rascher, Zürich 1955 ）。

4　榮格在《榮格抄本》（*Jung Codex*）贈送儀式上的演說發表在《榮格全集·象徵的生活》（*The Symbolic Life*, CW Vol.18, p.826）。其中的一個注解，講述了「納格·哈馬地諾斯替抄本」（*Nag-Hamadi Gnostic Codex*）是如何從阿爾伯特·伊德的收藏中購買到的。他是一位比利時古董商，在埃及得到這個抄本。榮格後來把它歸還給了開羅的科普特博物館（見1961年1月12日的談話）。抄本分三冊分別出版：《福音傳道》（*Evangelium Veritutis*Rascher, Zürich 1956），（此卷獻給榮格的80歲生日）；《論復活》（*De Resurrectione*,Rascher, Zürich 1963）；和《邏輯學概論》（*Tractutas Tripartitus Pars I*,Franke, Bern, 1973）。

都發了言。鮑德溫講得好極了。他提到瑞士的一個古老風俗：當大樓快要建到屋頂時，就會在大樓上豎起一根裝點著絲帶的小松樹，然後，才舉杯慶祝。就像眼下這樣的情景：榮格的大廈建到目前的高度，已經成型，但還沒有完工，可能還會增加許多東西。

我們回到西斯特拉斯吃午飯。飯後，在榮格夫婦休息的當兒，我和露絲在花園聊天。

我們面對面坐著，一直談到下午茶後的黃昏時分。榮格對我送給他的印章非常滿意。這是我兩天前送給他的。從那時起，他一直把它帶在身上。在這個羚羊皮的包裡，除了印章之外，還裝著一個小小的中國翡翠吉祥扣（看起來像十八世紀的；青瓷玉中心處的玉可以活動）。我們談話的時候，他把印章拿在手上，與榮格夫人一起端詳著這塊玉。他說她應該用一條黃絲線把玉掛起來。他還說，這塊石頭是精心挑選出來的，因為，它的雙重顏色代表著對立觀念。

晚上舉行了盛大的晚宴，約七十五人出席。令我大為意外的是，我被安排在主桌，坐在榮格的右邊。我的右邊是他的女兒瑪麗安·尼修斯（Marianne Niehus）女士。這張大圓桌共坐了十個人。榮格夫人也在這一桌，她的右邊是麥克·福德（Michael Fordham）。

晚宴上有好幾個人發言，其中包括蘇黎世市長。他針對巴塞爾和蘇黎世的相對優點講了許多笑話，還提到了伯恩。

## 1955年7月26日，星期三

這一天是榮格真正的生日。早上，我們在學院[5] 舉行了有關國

---

5　蘇黎世榮格學院（The C.G. Jung Institute in Zürich）。

際分析心理學協會事宜的會議。

下午，我們大約兩百人乘著汽輪在湖上遊玩。令每個人都感到驚喜的是，榮格和露絲在邁倫上了船，到了拉珀斯維爾時，他們又下船了。當船經過榮格別墅花園的時候，許多人都肯定，他們看到了榮格，但這是不可能的。

回程時，我在庫斯納赫特下船（差點被丟在船上），手裡捧著一大束鮮花和一根專為榮格訂做的刻有數字「80」的手杖。邁爾從甲板上扔了個瓶子給我，我接住它，又把它扔給福勒·麥考密克（Fowler McCormick），他也接住了。大家一片歡呼。

我搭順風車到榮格家，到達那裡時發現庫斯納赫特當地的樂隊正在花園演奏。約有二十個演奏者，都是平常的樂器，銅管樂等。演奏的時候，一些參加家庭聚會的人跳起了舞。榮格跳了兩次，一次與他的妻子，另一次與他的一個女兒。事後，他對我說，「我從沒想到我還能跳舞！」他顯得非常開心。

樂隊散去，我們進了屋，兩、三個小時後，迎來了最美妙的夜晚。七、八個榮格兒孫輩們彈唱起來；他的一個姪女，伯格夫人彈鋼琴，她的丈夫和其他人唱歌。幾個孫子十分活潑，做了即興表演。

一些人離開了，榮格走了出去，挑選了一張唱片返回時，裡頭都是黑人唱的聖歌。他的一個孫子搖著留聲機，榮格坐在一旁，和著音樂節拍不斷點頭。最後，大約午夜時分，派對結束了。這真是一個令人難忘的家庭晚會。

## 1955年7月27日

在花園裡，為《英國醫學雜誌》寫下生日的全部過程。

與榮格談了幾次……

傍晚，為了籌備國際協會臨時委員會的第一次會議；法蘭茲・瑞克林帶我去了邁倫，這次的會議是在邁倫一個臨湖的酒店舉行的。倫敦小組有幾個不和諧分子，一、兩個人的態度非常消極。這令瑞克林和邁爾大感意外，而我不以為然。凌晨一點，瑞克林帶我回到榮格的寓所。

## 1955年7月28日

搬到了都勒酒店。中午的時候，福勒・麥考密克叫我去。我為即將離開榮格感到惆悵，因為這是我拜訪榮格的經歷中最難忘的一次。榮格夫人囑咐我，明年二月份演講完以後，一定要和他們住在一起。榮格也親切地說，「喔，再見！一定要再來喔。」

福勒・麥考密克帶我去沙夫豪森，我們在那裡吃了一頓美妙的午餐，然後去參觀萊茵瀑布。他有一輛奧爾茲莫比爾牌汽車，明媚的陽光下，我們快樂地兜風。

## 1955年7月29日

在都勒（Waldhaus Dolder）。早上進城購物。然後去羅爾夫・霍非（Rolf Hofer）的辦公室，讓他的秘書列印一份為《英國醫學雜誌》[6]寫的關於榮格的小文章。她照做了，併發了夜晚的航空郵件，星期六早上就可以到倫敦。沒吃午飯；但是和福勒・麥考密克在議會大廈喝茶。空氣有些潮濕。

---

6　貝納特著〈80歲的卡爾・古斯塔夫・榮格〉（'Carl Gustav Jung at Eighty', *British Medical Jounral* [1955], II, p.174）。

麥考密克談起共時性，說到他的兩個夢，給他留下深刻印象的是夢所包含的時間因素，因為後一個夢在時間上是接著前一個夢的，這讓他立即聯想到前一個夢。最令人吃驚的是，在其中一個夢裡，他看到兩架飛機扭在一起，將歐洲和美國連接起來。他將其視為對其不安定生活的解讀，因為他經常往返於美國和歐洲之間。

# 10. 1955年秋

## 1955年11月23日 | 庫斯納赫特

十二點二十五分抵達蘇黎世車站，見到榮格。他對我說，榮格太太病得很重，因此我不能跟他們住一起，但可以住他女兒瑪麗安·尼修斯那裡。他帶我去西斯特拉斯吃午飯；他的第二個女兒，鮑曼夫人在那裡。

午飯後，我們談了很久，主要是談思覺失調症。這是因為我在演講中提到了一個精神病患者，而由此引發的話題。他說，思覺失調症是對陰影、通常是對集體無意識中的陰影所採取的一種保護措施。一些患者說，一想到遙遠過去的所作所為，就覺得無法達到完美。但是他們卻拒絕正視現在和過去的罪惡，因為他們承受不起這些罪惡。或正好相反，當有人陷入沮喪時，他們會把全世界的罪惡都攬到自己身上。他還談到，德國人總是必須把自己「藏在」什麼東西的後面，在做人方面毫無自信。他們必須從屬於某個社團，要嘛成為一個博士，要嘛戴個頭銜。即使一個普通人，譬如一個女人死了，也要被描述為「某某人的妻子，如何如何……」，就不是她自己。而在英國卻不同，做一個紳士足矣，但德國卻不是這樣。

他說起他妻子的病，以及出現在他夢中的死去的朋友——死亡隨時可能降臨。他有種感覺，橋已經斷了，她也跟以前不一樣了。

後來，他提到他十一歲時[1]在巴塞爾時的宗教體驗，還有他父親的書房。他本人非常喜歡閱讀，如饑似渴。那裡有些書是他祖父的藏書，所以他什麼書都讀。他說，上學時，他甚至一直被人當做騙子——比如說，老師曾拒絕相信他寫的一篇論文，因為這篇論文裡有許多連老師都聞所未聞的東西，因而他得出一個結論，這篇論文是別人替榮格寫的。[2]「我總是有一點人們不喜歡的過分聰明，認為我是故弄玄虛。」

## 1955年11月27日

榮格夫人於今天上午十點半過世。榮格跑到尼修斯家來告訴我，並跟我道別。他說，四天前，星期二吃早飯時，榮格夫人說自己要死了。他說：「喔，不要想這種事。」後來，這天早上，他接到他們一直期待著的醫生報告，報告顯示情況非常不妙。經過激烈的思想鬥爭，他還是告訴了她。她相當平靜，自從做完手術，她就做好了迎接死亡的準備，這對她來說是一種解脫。她有時候看起來好一點，而其他時候則非常「憂鬱」。她一直致力於研究聖杯的傳說。[3]他們結婚五十二年：一段無比精彩而豐富的人

---

1　《記憶、夢和反思》第二章〈學生時代〉（'School Years', ChapterII, p.47 ）。

2　同上，p.54和p71-73。

3　直到榮格夫人去世，她關於聖杯傳說的研究都沒有完成，最後是由馮・法蘭茲完成的。她在前言中寫道：「聖杯與煉金術之間的關係是如此豐富與深奧，以致人們會問，為什麼榮格教授不把它們寫進他對煉金術心理學的研究。原因在於，榮格夫人已經研究聖杯傳說三十年了，並計畫在出版時，將此課題做進一步的延伸。她的付出她1955年的去世戛然而止。為了了卻榮格教授的心願，我於同年完成了她的這本著作。」艾瑪・榮格和馮・法蘭茲合著，《聖杯的傳說》（*The Grail Legend*, Rascher, Zürich 1960；English translation by Andrea Dykes, The C.G.Jung Foundation1971）。

生。他說起了西塞羅的《論晚年》（*De Senectute*），正當人生圓滿時，生命卻戛然而止。

# 11.                                    1956年夏

到達蘇黎世。

## 1956年8月30日

　　早餐時，榮格說，任何人想寫他的傳記恐怕都不容易。他說，這需要充分地理解他的思想，但沒人能夠完全理解。他說，佛洛伊德的一生可以被清楚地描述出來，因為他的思想脈絡清晰。而寫他（榮格）就要複雜多了，假如不寫他思想發展，僅僅集中於他生平的話，那麼他的傳記就只是一系列瑣碎的小事，就會像不理解康德的作品，卻去寫康德的一生那樣。[1] 為了說明他的意思，他談到一九一三年，他曾做過的一個極為重要的夢。這個夢對他的人生產生了重大影響，他花了很長時間才理解了它。但如果只是寥寥數筆的話，就很少有人能夠理解這個夢在當時對他職業生涯的影響。

　　夢是這樣的：

　　他正在攀登一條陡峭的、蜿蜒通向山頂的路。右邊的山谷隆重在陰影之中，因為還是夜晚。前方，山背後的太陽正在冉冉

---

1　這番話預示了榮格晚年時所著自傳《記憶、夢和反思》的寫作方法。

升起，但太陽還沒出來。他的前面走著一個原始人（看不清年齡——棕色皮膚，毛髮濃密）；他跟隨著此人，兩人都全副武裝，準備去打獵，可能是去打羚羊。接著，太陽升起來了。齊格菲（Siegfried）穿著閃閃發亮的盔甲，手持盾牌和長矛出現在山巔。他穿著像滑雪板一樣的東西從岩石上滑下來。滑雪板是用死人骨頭做成的。這時候，原始人示意榮格，他們必須用來福槍射殺齊格菲。他們躺下來，等他過來，然後，便殺死了他。這個原始人（陰影）是個領袖，走過去收集戰利品。榮格懊惱不已，衝下山谷，爬上另一邊的山——他必須擺脫這可怕的罪行。下雨了，所有的一切都被淋溼了，也把所有的犯罪痕跡都沖洗得乾乾淨淨，可是，壓抑著良心的罪惡感卻絲毫沒有減輕。

醒來以後，他想重新入睡，但他知道，他必須試著把這個夢搞明白。一時間，謀殺齊格菲（英雄）的悔恨吞沒了一切，他有種強烈的衝動了，想從抽屜裡取出左輪手槍射死自己（「自殺」）；夢和衝動是那麼逼真和強烈，他可能真的會自殺，但這個夢和夢的含義逐漸便得清晰起來：英雄（做了非常勇敢之事的人）被原始人殺死了。也就是說，這個夢的關鍵是原始人，我們的眼裡，這個人們不得不追隨的頭兒是不道德或不成熟的。對榮格來說，這意味著，他追隨的不應該是此時此刻的意識和已經獲得的成就，而應該去追隨代表集體無意識（即，原型）的永恆的人。

這個夢是榮格生命中一個重大的轉捩點，他說，其意義遠遠超過夢見中世紀房子。因為，這表明，他必須無視流行觀念而去遵循多少已確定的路線。一句奧地利諺語說：明天能做的事，絕

不今天做。也就是說，時間並不那麼重要。美國小孩在書桌上刻下「現在就做」，是要求人們只爭朝夕；但做歸做，並不是所有的事都會「有志者事竟成」。我們必須要與永恆的人打交道，而不要過分受制於當代，不要匆匆忙忙的。當然，在這個夢裡，原始人的行為就像他做的那樣：一看到有人手持箭和盾走來，就開槍打死他。因此，當榮格領會了夢的含義之後，他從中瞭解到：他必須追隨隱藏得更深的被拋棄的原始人，放棄他的學術科學生涯，也就是說，放棄隨時能讓他「出人頭地」的英雄角色所做的事（〈空虛的世俗榮耀〉，貝納特著）。[2]

他提到佛洛伊德發現的第一個原型，即亂倫問題。但他僅僅是從個人的角度來看待這個問題的，正如他把宗教僅僅視為個人問題那樣，因而，這第一個原型並沒有受到佛洛伊德的重視。他補充道，儘管佛洛伊德談起過「古代記憶」[3]，但他從來沒有真正懂得更深層的無意識觀念。

榮格說，在伊底帕斯情結中隱藏著非常重要的問題，正是它使得孩子與父母分開，形成了孩子對父母的態度。我問道，精神官能症患者的問題是不是就在於個體與集體衝突、一味地渴望與人分開、難以適應整體，在人群中找到自己位置。（他說）這從許多恐懼症中（幽閉恐懼症等）就能清楚地看到：潛在的恐懼就是害怕孤獨，因而基本問題的還是如何適應的問題。但是，不同

---

2　榮格著《記憶、夢和反思》。在〈對抗無意識〉（p.173-174，也見相關內容，p.185-186）這一章中，他講述了他的夢以及他對夢的反思。

3　佛洛伊德著《摩西與一神教》（*Moses and Monotheism*, Hogarth Press, 1939, p.159）：「人類的古代遺傳，不僅僅包括性情，還包括來自目前人的觀念內容，以及記憶的痕跡。」

年齡階段有不同的問題。在前半生，是個人如何適應周圍環境的問題，而在生命的第二個階段，則是個人與日益豐富的精神生活相適應的問題。

說起波林根，它的最大的好處是，使他可以與大自然更加接近。在那裡，他們生火煮飯，大部分時間是他做飯劈柴——只用柴火。談到火，他說，「我們還沒有掌握自然的力量，因此你必須學會如何使用它。」

我們沿著花園散步（在庫斯納赫特），他指著被霜打死的樹給我看。那裡的一月份還算暖和，但到了三月就有嚴重的霜凍，因為月桂樹、紫藤和其他樹上大量抽出的新枝會長出樹液，會被凍住。竹子也不得不砍掉，不過它們還會破土而出。這是個非常漂亮的小樹林，差不多都是十到十二英呎高、精心修剪過的樹木。這幢房子的特點是，最初建造的時候只有一扇門。榮格說，這是因為「我們瑞士人處在歐洲的中心，麻煩事多。」之前，在他服兵役時，他有一支來福槍，房間裡有三十發子彈（所有的瑞士兵都有），可以防身。下面的窗子裝有鐵製或木製的柵欄。花園裡的房子是後來造的，有一個朝向花園的門，另一扇門通向房子，這扇門是鐵的，晚上總是關著。

午飯後，榮格和貝利小姐都小憩了一會兒。我坐在花園，今天的陽光真是棒極了。後來，榮格和我又談了起來。榮格說，如果有人去研究處於麻醉狀態中人所做的夢，將會發現非常有趣，他舉了一、兩個例子。他還說到，他懷著極大的興趣讀到一份癲癇症的神經手術的文章，當刺激**四疊體**[4] 時，會使患者產生曼陀羅

---

4　四疊體（corpora quadrigemina）是中腦後部，四個隆起的圓形體。它們是成雙

的幻象：一個包含著圓的正方形。這種幻象可以透過刺激相同區域獲得再現。他說，他花了很長時間思考腦幹在我們思想活動中的重要性。這個區域是四疊體，有四個部分，這多有趣啊，因為這證實了他的觀點：作為象徵的正方形和圓的重要性。

吃過晚飯，傍晚，不知道怎麼的，我們地談起了數字。榮格說，數字有它們自己的生命。對數學家們來說，永遠存在一個問題：數位是發明的，還是發現的？談話中還突然冒出什麼是宗教的話題，以及與奧利金（Origen）有關的宗教；再往前推，西塞羅（Cicero）心目中的宗教；再往前追溯，是什麼東西為宗教的出現做了準備？對於後者，榮格認為，我們必須把所有的宗教都考慮進去，比如說佛教，這是一種沒有神的宗教。但神學家們卻說，他們只關心基督教，這就好比醫生說，他們只關心病毒而對其他東西，譬如對瘧疾，毫無興趣一樣。因此，在宗教領域，我們必須避開那些專門從事宗教研究，只關注事物本身而避開其他事物的人。

我們又接著談起數位以及每個數位的特性。1這個數字沒什麼可說的，因為假如你有許多個1，你也只能想到1；但1也可以代表著一切，就像「1」（與「多」）代表著上帝所創造的一切。2代表對立：善與惡。假如沒有2的話，我們就無法理解對立面的概念，只能像那些把惡理解為**善的缺乏**（privatio boni）的人一樣。3是一個動態的數位，他代表著男性的。我說，「比如說，1、2、3——起步走！」他說，「是的，正是這樣。它指的是去另外一

---

成對的：兩個代表優勢功能，兩個代表劣勢功能，前面兩個與視覺有關，後面兩個與聽覺有關。

個地方。」4代表著女性的，意味著圓滿，代表著結束與終結。5
就是「4＋1」，但這個1是處於中心位置的「1」，它代表著地、
水、火、風四元素之外的第五元素。6是3的兩倍（還有更多的含
義）。7是「6＋1」，一個神聖的數字，7支燭台（也有更多的含
義）。8，4的兩倍。9是4的兩倍加上處於中心位置的「1」，又是
一個第五元素。榮格認為數字是自身存在的，是被發現的，而不
是被創造出來的。5

## 1956年8月31日

　　早餐後與榮格談起神學家，他發現他們「膚淺得可怕」。他
們不在乎自己在說什麼，他們的許多想法都是「放空砲」。而當
真正要開火時——嚴肅地談論問題或真正搞明白問題的時候——
他們就偃旗息鼓了。他提到沙夫豪森小號手的故事。在1840年
代，瑞士爆發獨立聯盟戰爭期間，沙夫豪森軍團加入了戰爭，某
位小號手也跟著參戰了。一星期後，他又出現在沙夫豪森，每個
人都問他，「你為什麼不在戰場上呢？」「喔，」他說，「在戰

---

5　《榮格全集・心靈的結構與動力・共時性：非因果連接原理》（CW. Vol.8, VII,
　　para.871）中，榮格寫到數字的定性概念時說道：「我傾向於認為，數字既是發
　　明的也是發現的，因而，數位具有與原型類似的相對獨立性。」
　　這種觀點來自於馮・法蘭茲博士寫的一本書《數字與時間》（*Number and Time*,
　　Northwestern University Press, 1974, Part 1, Chapter 3, p.52），她寫道：「……
　　數字似乎代表著物質的特性與我們大腦思考過程的無意識基礎。因此，根據榮格
　　的觀點，數字形成了把物質領域與心靈領域結合起來的特殊元素。它『確實』具
　　有雙重含義：既是原型意象，同時又是外在世界經驗領域中的確定表達。因而，
　　數字在身體可知的與想像的東西之間架起了一座橋樑。用這種方法，數字在神話
　　（心靈的）與現實（身體的）之間，在迄今為止大量未被探知的中間地帶仍然發
　　揮著作用，同時，數字既是質的，也是量的，既是具象的也是非具象的。」

場上，他們就會瞄準你！」因而他就回家了。神學家們經常就像這樣。

接著他繼續談到教宗關於瑪利亞升天日的教義。他說，這種教義引起了教會的激烈反對，因為按規定，不能夠有教義，除非以十二信徒的教誨為依據，直到六世紀，才出現了關於瑪利亞升天的說法，但被當時的教宗推翻了。之前有好幾個教宗嘗試過，一百多年前就有一個教宗試圖通過這個教義，但沒有成功。整個教義的要點在於抵制肉體，但這個女人是個母親（即，肉體的），並且上帝是通過創造物質來顯現的。存在著大量的對教義之反對意見的，主要是在北方國家，而南方國家則很少見。因此，儘管聖母瑪利亞是百分之九十九點九九九九的上帝，但還是不夠。接下來會發生什麼呢？聖母現在進入了洞房。我問，這是否意味著還會生出另一個基督，他說，「喔，不！上帝只能有一個兒子。」

勞倫斯・凡・德・普斯特（Laurens Van der Post）[6]來吃飯，談起他的非洲歷險。[7]榮格也說起「神祕的參與」（participation mystique），即，無所不知。原始人的行為方式就是這樣，一切都浮在表面，一切都不隱藏，也無法隱藏。榮格對這種思想非常感興趣，因而他把他的書命名為「尋找靈魂的現代人」。

---

6　【編註】勞倫斯・凡・德・普斯特（Laurens Van der Post, 1906-1996），出生於英國殖民時期的南非，為作家、探險家、教育家、哲學家、新聞工作者，也為英國的政治顧問、查爾斯王子好友、威廉王子的教父。著作繁多，涵蓋小說、政治、心理、旅記等，著作曾被改編為電影《俘虜》（*Merry Christmas, Mr. Lawrence*, 1983）、《幻象大獵殺》（*A Far Off Place*, 1993）。

7　勞倫斯・凡・德・普斯特著《獵人的心》（*The Heart of the Hunter*）和《喀拉哈裡沙漠失去的世界》（*The Lost World of the Kalahari*）（Hogarth Press）。

吃過晚飯，傍晚時分，榮格說起他去維也納第一次拜訪佛洛伊德時的情景。在維也納期間，他做了一個夢：

他在布拉格猶太人聚集區。那裡空間狹小，人們擠作一團，天花板很低，樓梯搖搖欲墜。他想，「真見鬼！人怎麼可以住在這樣的地方？」

那是個夢。他繼續說到，從他們第一次見面起，他就注意到了佛洛伊德觀點的狹隘，視野的局限性，他只把注意力集中在瑣碎的細節上。他談到，在某種程度上，這是因為佛洛伊德的戀母情結令他過分熱衷於性，過分關注亂倫、與母親睡覺這種事，好像它們是什麼新鮮事一樣。榮格是在農村長大的，所有這些事他都知道，但引不起他的興趣。他說，布拉格猶太人聚集區是一個非常有名的地方。

# 12. 1957年冬

### 1957年1月3日 | 庫斯納赫特

到達庫斯納赫特。晚上，我們先是在花房，晚飯後去了樓上的書房。這是個大房間，約二十四英呎乘以十五英呎英呎大，放滿了書。榮格打開一扇內書房的門，對我說，我可以把它當做自己的房間用來寫作。這是個小一點的房間。此刻，我正坐在一張大寫字台上寫作，寫字台上有一排檔格，用來放文具和零碎的東西。桌上有一張托尼·沃爾夫的照片，還有一套十分漂亮的二十一尊雕像，代表著印度的二十一省，每尊塑像上都做了標注。它們穿著各種不同的印度服裝，約十釐米高，彩色的，相當精美。每尊塑像上還標著各自的宗教——印度教、佛教、伊斯蘭教（俾路支），以及緬甸的伊斯蘭教。書架的一邊是兩個漂亮的景泰藍，其中一個景泰藍是長著馬腿龍頭和龍尾的聖人；另一個是古代花瓶。桌子的檔格上，有幾格放著書和另外幾尊雕像——其中一個是老子坐在牡鹿背上的漂亮牙雕飾品，我也有兩個跟這一樣的飾品。

窗戶裡有三盞燈，窗櫺上鑲著彩色玻璃。每塊玻璃的最上面都畫著一個宗教主題——左邊是被繩子捆住的基督；中間畫基督受難圖；右邊，是我們的主死後與哭泣的瑪利亞在一起的情景：陪伴著蒙大拿的瑪利亞的還有兩個門徒，上面是一個天使。中間窗戶的下半部分，是一枚精緻的盾型紋章，標著「1590年」字樣，右邊的巴塞爾紋章上標著1543年：「巴塞爾，1543」。中間

的燈也有一個鑲著彩色玻璃的小圓球，上面畫著我們的主與十二門徒的最後晚餐。

有一幅畫被布蒙著，這是一張來自都靈的屍布照片，據說這塊布曾蓋過我們主的臉，所以上面留下了有著他特徵的印跡。

書櫥沿著牆壁排列，上面有許多煉金術古籍以及所有與此相關的書籍。書上都貼著標籤，毫無疑問，都已經分門別類了。兩個房間都堆滿了這類書。另外還有各種各樣的裝飾品，許多是別人贈送的。主書房的壁爐台上放著一套牙雕，是毗濕奴的十二個化身。

榮格的寫字台是一個漂亮的桃木桌（也許是胡桃木的），有著弧形桌腿和造型典雅的縱梁。桌上鋪著紙和其他一些東西。榮格告訴我，這個長著鬍子坐在大象上的金屬人像，代表著成佛之前的佛；而在基督教裡，則代表著與主有特殊關係的門徒。還有一朵盛開的蓮花雕塑，是一份來自印度精神病學會的禮物。在一個落地式書架上，是一些皮封面的小書。有一張榮格夫人的照片，另一張是她與榮格的合影。主書房的地板與裡面一樣，放著幾塊波斯地毯。所有房子、房間和樓梯平台都是鑲木地板。

## 1957年1月4日

說起他早期在伯格霍茲裡的工作，榮格說，在他剛剛開始詞語聯想測試的觀察時，他就寫信告訴佛洛伊德，這些實驗為佛洛伊德的壓抑理論提供了臨床證明。他還說道，除了壓抑之外，他還提到了自發產生的情結。儘管佛洛伊德回信表示同意，但他卻從來沒有使用過無意識自主性的觀念，而只對壓抑現象感興趣。

除了在詞語聯想測試方面的工作之外，榮格在伯格霍茲裡

的上司尤金・布雷勒還建議他去研究大腦。榮格熱情地投入了進去，連續多個星期花費了大量時間，對大腦的各個部分做了研究。他越來越熱衷於這項工作，被任命為教授，專講組織學。然而，一旦涉及到大腦的正常功能，或他在患者身上觀察到的異常思考時，大腦組織學的研究工作就根本用不上了。

醫院裡的許多病人都是沒有希望治癒的思覺失調症者。他無法接受把早發性失智症視為人格的退化，就離開了那裡。通過詞語聯想測試，他看到了無意識的真實存在，他從患者那裡看到許多幻覺或妄想，它們對應於患者本人一無所知的神話材料。《無意識心理學》[1] 研究的是思覺失調症，透過對歷史文獻的分析，他向人們展示出了象徵的意義。不過，這並不是一本研究心理學的書。其中一個困境在於，那個時期還沒有心理學，只有什麼都解釋不了的抽象的思想。人們很少去注意疾病症狀背後可能隱藏的東西。《早發性失智症心理學》[2] 是一項突破，但即使到了今天，精神病學家對這個領域的貢獻也是極為有限的。《自我與無意識

---

1  1970年2月榮格第一次遇見佛洛伊德。在《記憶、夢和反思》的第五章〈佛洛伊德〉中，榮格描述了這次會面。
   榮格著《力比多的轉化與象徵》（*Wandlungen und Symbole der Libido*），寫於1911年，次年發表。這本書最初由欣克爾博士（Dr. Beatrice M. Hinkle）翻譯成英文。1916年，以《無意識心理學》（*Psychology of Unconscious*）為書名，由紐約的莫法特・亞德（Moffat Yard）公司出版；1917年由倫敦凱根・保羅（Kegan Paul）出版。1956年，由赫爾（R.F.C.Hull）翻譯的新版本與擴充版，收錄在《榮格全集》第五卷《轉化的象徵》中。
2  《榮格全集・精神病的心理發生・早發性失智症心理學》（*The Psychogenesis of Mental Disease*, CW Vol.3, I, *The Psychology of Dementia Praecox*）（1907年，第一版）。

之間的關係》[3] 這本書讓人們接觸到了無意識，並使他們瞭解到無意識的重要性，不過它的影響力也微乎其微。

　　一戰期間，他負責監管日內瓦湖邊厄堡一個關押英國和加拿大軍官的集中營。他說，從某種程度來看，這可能是一項重要而有趣的工作，但他更關心自己的寫作與思想的發展。接著他開始寫《心理類型》[4]。

　　我問他，回顧過去，在他研究中，是否可以看到一條貫穿始終的清晰線索。他說，僅僅在某些方面是這樣。早期，他希望自己的研究遵循科學路線。然而，與佛洛伊德決裂後，他有一段時間不再從事科學研究，而是去尋求發現無意識內容的意義。為了發現這些觀念的來源，過去的人是怎樣理解它們的，他對自己遇到的意象和象徵探尋其文化來源。就在他撰寫《黃金之花的祕密》評述時，他開始了煉金術著作的研究，並透過意象所對應的思想和實踐，通過更早期的人們對這些觀念的理解，他發現了無意識與煉金術材料之間的聯繫。他曾做過預示他將會研究煉金術的夢，他的研究始終是根據他的經驗和夢發展起來的。為了說明，他列舉了1914年4月做的一個夢；這個夢出現過兩次，頭一個月出現後，緊接著下個月又出現了，儘管略有變化：

---

3　《榮格全集・關於心理分析的兩篇論文・自我與無意識之間的關係》（*Two Essays on Analytical Psychology*, CW Vol.7, II, *The Relations Between The Ego and the Unconscious*）（1916年第一版，次年英譯本出版）。

4　《榮格全集・心理類型》（CW Vol.6）。榮格關於類型的著作第一次出版於1921年。
　　在《記憶、夢和反思》第六章〈對抗無意識〉（Chapter VI, p. 186-188）中，榮格描述了這一時期的思想發展過程。
　　又見芭芭拉・漢娜《榮格：其生平與工作》（p.126-127）。

他不斷地攀爬著庫斯納赫特通向高原的山。現在，尼修斯[5]一家的房子就在那裡。這座山其實並不很高，但他幾乎爬了一整天。到達那片高原時，太陽正好從他背後落下（落在正對蘇黎世湖的那座山巒）。一道小瀑布從山中傾瀉而下，太陽把它照成金色和銀色。他繼續向左邊攀爬，越爬越高（因為背後還有一座山，儘管沒有他爬過的山高），他看到有一家大酒店（就像都勒酒店那樣），可以看見那裡停著汽車，汽車看起來非常小。

那時，他還理解不了這個夢。不過，很久以後，他發現了一本多恩的《哲學思辨》（《化學劇場》，第一卷）[6]，其中寫到了類似的景色。水中的金銀具有特殊的意義，建築也一樣，出現在他夢裡的建築不是酒店，而是一座極具象徵意義的建築。[7]

諸如此類的夢令他著迷。「成為一個內向型的人是最不幸的，」他說，「你是被自己的內在驅動力推著走的。」

他說，佛洛伊德是個真正感情型的人，但他壓抑了自己的感覺，用處於劣勢的思維功能來處理問題，因而，對他來說，凡是他思考的東西都具有重要意義。甚至會出現這樣的情形：他之所

---

5　榮格的女兒和女婿。

6　【編註】傑拉德・多恩（Gerard Dorn,1530-1584），比利時哲學家、翻譯家、煉金術士、醫生。多恩的著作對於榮格的煉金術研究是相當重要的文獻引用來源。《哲學思辨》（《化學劇場》，第一卷），文獻原文為「*Speculativa Philosophia*（*Theatrum Chemicum* [1962], I）」。

7　在《榮格全集・原型與集體無意識》（*The Archetypes and the Collective Unconscious*, CW Vol.9, Part I, paras.334ff）中，描述了這個夢與傑拉德・多恩的文本。

以相信某些事,僅僅因為他思考過它們。

談起預感這種東西,他說,有時就像在做白日夢一樣。有一次,他正在庫斯納赫特看報,報紙突然出現一個裂縫,他從一個大洞裡看到了漢斯的臉,漢斯是他在波林根的男僕。(這個年輕人對榮格忠心耿耿,因為戰爭期間榮格曾給過他母親食物,這是個帶著幾個孩子的窮苦母親。他還給漢斯買過一輛自行車,方便他上學。)不一會兒,令榮格吃驚的是,漢斯真的到庫斯納赫特的花園來了。榮格根本不知道他會來,但他的確是從波林根(約三十七公里)過來的,騎自行車給榮格送來了頭茬草莓。

他告訴我另一件事,二戰時期,因石油短缺,所以他乘火車從波林根返回庫斯納赫特。看書的時候,他心緒不寧,腦海裡不斷地浮現出一個人被淹死的想法,或者說是一種他似曾相識的場景。怎麼會在這個時候有這種想法呢?可是,他的這種想法揮之不去。當他回答庫斯納赫特的家時,他的幾個孫子(他們當時住在那裡)正在花園裡,看上去相當沮喪。他問道:「怎麼了?發生了什麼事?」他們告訴他,最小的男孩從船房掉進了水裡,他不會游泳,那裡的湖水又深,他們費了好大的勁才把他救了上來。榮格說,「那應該是在半小時之前吧?」正是火車上,他腦海縈繞著有人被淹死的想法的時候。他們說,「是的,就是那個時候。」[8]

---

8　榮格在《記憶、夢和反思》第十一章〈死後的生活〉(Chapter XI)中敘述了這次事件。

## 1957年1月5日

我問榮格，他是否聽到過未來對他的召喚。他說，他從來沒有過。他知道其他一些人聽到過，例如歌德。然而，在他看來，總有一種**背後的力量**（a vis a tergo）推著他去尋找真理，即，事情的真相。他對佛洛伊德的理論從來沒有滿意過，因為它缺乏歷史的支持，沒有背景，僅僅只是佛洛伊德的理論而已。然而，他說，在《圖騰與禁忌》[9]一書中，佛洛伊德試圖去尋找背景，這是他難能可貴的地方。

就在他寫完《自我與無意識之間的關係》之後，榮格開始對中國思想產生了興趣。1928年，他收到一封衛禮賢的來信，請他為《黃金之花的祕密》[10]撰寫書評，這是一本關於中國煉金術的書，他寫了。中國思想給他的印象非常深刻，並且他研究過《易經》。透過對類型的研究，榮格發現了中國思想與他研究內容的相似性；他畫了一個四種功能的圖示來說明他的意思：

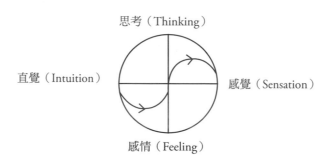

因而，如果一個人的思維功能佔據主要優勢的話，那麼他首

先就會去思考，因此，他會通過直覺接受來自無意識的知識。不過，如果接下去他想弄明白這些想法與事實的關聯性的話，就會把感覺加進來。這種三角關係的結果就是將感情因素排除在外。他說，佛洛伊德就是這麼回事。然而不管怎麼說，感情就是感情，「我吃夠了這方面的苦頭！」榮格說。當一個人忽視了感情時，他就只會狹隘地圍繞著思想這種智力功能打轉。不過，榮格注意到，這幅代表著全部功能的圖形對應著中國的太極圖。

我把我的演講大綱給他看，他在個別地方做了擴充，並且說道，大綱確實寫得不錯，這些增加的部分只是錦上添花而已。他講了許多與此無關的話，但都趣味無窮。

當話題轉到**自由聯想**時，他說，它們都是毫無意義的事，只會把事情複雜化，而且在做夢的分析時，自由聯想也不會告訴我們夢在說什麼。他舉了一個例子：「想一想，一個人夢見一朵菊花，你問他對此的聯想；他說，『喔，菊花是一個人的名字，我女朋友的名字。』佛洛伊德就會由此聯繫到性。而我會說，『這很有趣，但菊花是什麼樣的呢？它還長在地上嗎？菊花本身是什麼樣的？』然後，這個人可能會說，『喔，這是一種白瓣金芯的花，陽光照耀時，它會從太陽那裡汲取營養而盛開。它就是它自己，每一朵菊花都與眾不同。』這樣我就會問，『太陽是什麼樣的呢？』他可能會想到上帝或宗教。而不是他那個叫做菊花的女

---

9　西格蒙德‧佛洛伊德《圖騰與禁忌》（*Totem and Taboo: Resemblances between the Psychic Lives of Savages and Neurotics*, 1912）。

10　《黃金之花的祕密》，衛禮賢譯，榮格評注，1931年英文版第一次發行。評注還單獨發表在《榮格全集‧煉金術研究》（*Alchemical Studies*, CW Vol.13, I）。

朋友。因此，**無意識正在產生一種東西**，這種東西表現出來的遠遠超過菊花女本身，無意識有自己的生命，也是一種更為偉大的生命。」

自性（The Self），即，整體，包含著意識和無意識，「我就是我自己」，裡面包含著許多我們不知道的東西，譬如說，我們不知道我們的身體以及身體是如何運作的，也不知道無意識。

## 1957年1月6日

早上，榮格、露絲‧貝利和我開車去波林根。陽光燦爛。新蓋的房子和涼亭天花板上的畫，令這個地方看起來漂亮極了。天花板上的畫，是榮格的主意。長板的一端，畫滿了榮格家族（或他這個分支）的盾型紋章，另一頭是榮格夫人家族的。中間的板上，畫著霍爾尼斯（Hoernis）的家族紋章（他們的一個女兒嫁進了這個家族）——徽章是角，獵角。對面是鮑曼家族的紋章（另一個女兒嫁給了該家族中的一名成員。）尼修斯（他們的另一個女婿）家族的還沒有完成，空著。中心的兩塊板上，又畫著榮格和榮格夫人的家族徽章。

我們走進新房間。木質的或金屬門鉸鏈以及門把手，全都非常漂亮。榮格說，門把手是舊的。

他對我說起最初的建築，以及後來不斷添加進去的各個建築。榮格雕刻了許多石刻，我們仔細端詳了其中的一些，有一個小石刻是一條吞杆而死的蛇。一個古典風格的漂亮石頭是紀念榮格太太的。他說，這個石頭原打算放在涼亭的牆上。房子的一邊雕刻著墨丘利。我問他為什麼雕墨丘利。他說，正當他寫共時性時，被什麼東西卡住了——寫不出來任何東西。他久久凝望著

塔樓的一堵石牆，決定將受到干擾的這一時刻凝固（我的話）下來。於是，便雕刻了一張笑吟吟的墨丘利面孔，頭像的下面他刻了幾行字：「墨丘利，變化無常。模稜兩可、口是心非、滑稽可笑。」（O〔Mercury〕, Fugaci illi.Ambiguo,duplici,illudendi jocoso.）確實如此。於是，他又能夠繼續工作了。[11]

回來的路上，我們經過拉珀斯維爾和波林根之間的一座老教堂。榮格說，它的年代可追溯到七世紀，裡面有十五世紀的壁畫。這是獻給古希臘雅典最高法院的法官狄奧尼修斯的[12]，八世紀以後，就再也沒有為他建造的教堂了。

午飯後，在陽台上喝完咖啡，榮格、露絲和我一起走到湖畔，坐在碼頭餵天鵝，圍過來九隻天鵝和幾隻海鷗。這些海鷗在湖的上游繁殖，整天都待在這裡。另外還有一些黑鴨子。陽光明媚，榮格去睡覺時，我在湖邊碼頭涼亭下的一把椅子上坐著，天氣溫暖宜人。

後來，當榮格在花房的一塊還未完工的石頭前雕刻時，我與他談了起來，談話中間，他會不時地鑿幾下。

他說起流言作為一種心理現象的重要性，特別是關於飛碟的傳言。那種傳播甚廣的流言是有重要意義的。一個雷達線偏移的案例給他留下了深刻印象，這就不僅僅是傳言了，儘管這種現象無法解釋，卻是一種極為重要的事實。多年來，對於這種現象有上百例經得起考驗的報導，看來它們還是有一定真實性的。

---

11 《榮格：他在我們時代中的神話》（*C. G. Jung: His Myth in Our Time*, Chapter XII, p.238），馮‧法蘭茲對這次經歷有這完整的描述。
12 狄奧尼修斯（Dionysius the Areopagite），早期煉金術作品的作者。

加州有個精神病學家，與他的妻子在舊金山駕車駛過一座大橋時，他的妻子突然看到天空中出現了這些東西，她讓他看，他瞟了一眼，因為正在開車沒法長時間看。榮格聽說此事，便寫信給他。他回信說，他看到了，但他得知榮格會對這種事有興趣感到困惑不解。他對於該現象的麻木，令榮格倍感吃驚。他說，這種事用我們普通的思想範疇確實無法解釋，但我們必須關注，眾所周知，因為它們可能來自於我們的世界之外。法國已經有了一個專門的研究機構，美國也有。

　　他還談到著名的美國廣播劇（這是奧森‧威爾斯〔Orson Welles〕將 H‧G‧威爾斯《世界大戰》〔*The War of the Worlds*〕改編的廣播劇）的影響，關於火星人進攻紐約的故事。人們已經做好了接受這種消息的準備，好像他們內心一直期待著來自天外的大事似的。

　　在「小房間」，也就是我用來寫作的內書房的寫字台上，是倫敦分析心理學社贈送給榮格的一根曲棍球，上面寫著：「紀念榮格，55年7月10日曲棍球比賽一周年」。這是1955年在蘇黎世都勒酒店舉行過生日晚宴之後，利奧波德‧斯坦博士（Dr. Leopold Stein）代表倫敦心理分析學社送給榮格的。

　　榮格讀偵探小說，我問他為什麼。他反過來問我怎麼看。我認為，人們喜歡把自己等同於聰明的偵探，或者在小說裡，他們發現主人公做了所有他們想做而不敢做的事。他說，或許我是對的，而他自己感興趣的是那些與他或他的工作無關的故事，而且它們大多是關於男人的。許多長篇小說都有心理的主題，這令他感到乏味，因為他有太多比小說素材有趣得多的病人。讀偵探小說僅僅是一種消遣，主要是因為它們與他的職業無關；這裡的人

物都是虛構的，讀完之後他就可以睡覺了。

## 1957年1月7日

下午，我們坐在花園的房子。榮格坐在他正在雕刻的石頭前，偶爾鑿幾下。「好吧，我們開始！」他說。

我問道，他最初是如何獲得**阿尼瑪**這個形象的。他說，這個形象是他做到白鴿的夢，看到一個像他大女兒的小女孩站在他身邊的時候獲得的。他是在1913年耶誕節期間做這個夢的。這是一個極為重要的夢，可與他四歲[13]時在萊茵瀑布所做的那個夢等量齊觀。

他坐在古堡的涼亭裡，這是一座漂亮的給人印象深刻的城堡，涼亭在城堡的最高處。他在一把鍍金的椅子上坐著。他的左邊是一張桌子，桌腿鍍金，桌面是一塊漂亮的綠石頭，石頭是一種特殊的大理石（vert du mer）或綠寶石，一種鮮綠色的翡翠。他的孩子們圍在桌邊，他的妻子不在。他坐著，透過沒有玻璃的拱形窗凝視著外面，外面晴空萬裡，沒有一絲雲彩。突然，一隻像海鷗或鴿子的白鳥飛了進來，棲息在他身邊的桌子上。他示意孩子們不要說話，靜靜等待。鳥兒消失不見了，這令他感到極為困惑。接著他注意到，他的右邊站著一個八歲左右的小女孩，她有著像他大女兒一樣的漂亮頭髮。她跑到那群孩子們那裡，過了一會兒跑了回來。緊接著又消失了。很快，白鴿子又出現了，停在他的桌子上，說，「我只能上半夜過來，因為那個時候，主人正

---

13　榮格《記憶、夢和反思》第一章〈早年生活〉（Chapter I, p.25-26）。

忙著對付十二個死人呢。」[14]

　　那時，他無法對這個夢做出解釋，但是後來，他把白鴿與荷米斯（Hermes）──一種精神元素聯繫起來。他認出，**這張綠色的桌子就是荷米斯的翠玉錄（Tabula Smaragdina）**，上面銘刻著煉金術智慧的基本要素。這個夢預示著他將研究煉金術。

　　他還談到另一個約1925年做的夢：

　　德國人與義大利人在義大利北部交戰。他躲進一輛有人駕駛的，由幾匹馬拉的車裡。他們到達了倫巴第平原，他想，「到這裡，我們就安全了。」隨後，他們走進漂亮的公爵府，占地很大，四周都有圍牆。他們面前的大門開著，暢行無阻，對面的牆上也有一扇打開的門。他們駕車進去，打算穿過城堡，但馬車夫在城堡的台階前跳了下來，他不得不停下來。接著，大門全部關上。他知道他們被困住了，但他有種感覺，他無論怎樣都能逃出去。

　　直到後來，他才明白，這個夢與煉金術有關。因為，他在一本古老的文獻《製造黃金的藝術》（*Artis Auriferae*）中，發現了與那個城堡和緊閉大門的對應物：正如他看到的那樣，這是個預見性的夢，預示著他將會心醉神迷地投入煉金術[15]研究。

---

14　同上，〈對抗無意識〉（Chapter VI, p. 166）。
15　同上，〈作品〉（Chapter VII, p.194-196）。
　　在《榮格：他在我們時代中的神話》的〈墨丘利〉（Chapter X, p.201-203），
　　馮·法蘭茲從更寬廣的背景中談論這個夢。

## 1957年1月8日

我問到阿尼瑪的負面因素。他說，「喔，只有當它們似乎以一種對立的方式反對我們時，我們才會第一次意識到阿尼瑪的各種負面因素，也才會喚起我們對它們的注意。」

他提到，有一次正在他畫畫的時候，清楚地聽到了一個女人的聲音說：「**這是藝術。**」這件事就發生在他手頭一本書的寫作停滯不前的時候。發生這件事的意義在於，似乎他寫的這本書就像小說或類似小說一類的東西，只能被當作藝術來看待，而與真理無關。這是一個他認識的女人的聲音。她是個藝術家，曾來蘇黎世看過病，對他伯格霍茲裡的前同事產生過巨大的影響：一種不好的影響。因此，當他聽見她說「**這是藝術**」時，他意識到，可以說正是這個女人的聲音將他的朋友帶上了歧途，所以他有辦法對付這種聲音。這件事發生在1913年的困頓期，當時，他正打算辭去大學精神病學講師一職。他無法繼續將書教下去，因為在他研究過佛洛伊德和阿德勒的方法之後，已經清楚地看到，這兩個人的方法都太狹隘了。因此，他必須為自己另謀出路，就像曾經有過的那段時期那樣，他很容易把自己的作品當做藝術看待。但這是一種自我欺騙，使他誤入歧途的正是阿尼瑪的負面因素。16。

吃完午飯，下午，我在陽光沐浴下的湖邊坐了一個半小時。然後喝茶，與榮格聊天。後來，散步去一個小公園。

---

16　在《記憶、夢和反思》第六章〈對抗無意識〉（Chapter VI, p.178-179），榮格寫下了這段經歷。

他談到了**心理類型**。外向型人無法從內在角度評價任何東西的價值，因而，許多學院派心理學都是從表面的東西著手的，例如，心理測試，或者從身體方面來解釋心理活動。他們其實不明白，**心靈自己**有它的因果關係，內心生活自己就會產生影響，就像大腦會自己產生想法或出現症狀那樣。而如果人們假定，這些想法或症狀都來自外世界的話，那麼產生它們的「原因」或許就在於他們沒有注意過的感情。

他提到心理測試與實驗精神病學，哈佛在這方面花費了巨額資金，他們有一幢裝滿了測試反應儀器的大樓，他參與過其中一項實驗。實驗展示了快速移動物體所產生的視覺錯覺，其運動方向看上去與它本來的運動方向相反。他問教授，為什麼他們要做這種事，尤其是在「人際關係系」，他們從這項工作中又取得了什麼樣的成果呢？教授無言以對，但他說，這是一項必要的科學研究。榮格認為這種研究，以及其他類似的研究都沒有多少意義：他們測試的人類反應實在太微小了，似乎對心理學的理解不會有絲毫幫助。

晚上，我和榮格兩個人單獨吃晚飯。飯後去書房坐。他讓我看一1540本年的英文《聖經》，書的主人是特洛布里治（Tonbrige）的湯瑪斯·奧利斯（Thomas Wallis）。從墓誌銘的開頭處得知，他於1755年，八十五歲時死於胃痙攣。他還給我展示了他所收藏的煉金術書，他說，在這方面，他是瑞士最好的收藏家。其中一本書特別有趣，它的副標題是：

《化學劇場》

英國

本書收錄我們英國著名哲人們的一些詩句

以及他們用自己的古老語言寫下的神祕煉金術

由阿什莫爾（Elias Ashmole Esg）忠實地整理成集，並加上注解。

一個熱愛煉金術的英國人

格里夫曼（J. Grifmann）為奈斯（Nath）印刷

地址：Brooke, at the Angel in Cornhill，London

出版時間：1652年

阿什莫爾作序

寫於1651年1月26日

致所有勤奮地學習最神聖的神祕煉金術的聰明學生

　　主書房裡掛著兩幅油畫，左邊是榮格父親的肖像，另一邊是他祖父的肖像。他說，他有一封他祖父寫的信。他（祖父）興高采烈地坐著馬車穿過聖哥達山口去另一個山口時，因道路狹窄崎嶇掉進了山谷。

## 1957年1月9日

　　今天，榮格收到兩本小冊子。書名是《神聖的法律》（*The Divine Law*），是書的作者，一個叫做艾耶（B. Subramanya Iyer）的印度哲學家寄給他的，二十年前，榮格在的巴黎哲學大會上第一次遇見他。書上簽著：「致以深切的問候。56年11月30日。」榮格回想起巴黎會議上，沒有人聽艾耶的演講，因為他說話就像

十三世紀的人。就像艾克哈特大師（Meister Eckhart）在演講一樣，談論著人身上的神聖光芒。大家都對他不屑一顧，只有榮格為他喝彩，並邀請他來蘇黎世。但榮格也意識到他掌握不了現代思想，因此他不可能理解為什麼沒有人重視他。後來，榮格去了印度，接受他的邀請去了邁索爾邦（Mysore）。在那裡，此人是統治者的精神導師，榮格受到了盛情款待，住在統治者的客房，乘坐一輛舒服的老爺車到處兜風。這件小事可以說明榮格有著開放的胸懷，他看到了這個人有趣的一面，但同時也認識到，他根本無法理解榮格的心理學。同樣，當榮格在孟買演講時，也沒有一個人聽得懂榮格在講什麼，因此他開始講催眠的故事，他們則認為這實在太精彩了！

後來，他談到在做心理分析過程中出現的原型順序：最先出現的是阿尼瑪，接著是智慧老人，然後是永恆少年（puer aeternus），因為每一個智慧老人也都必須具備青春的精神。他還提到代表著本能的各種原型，也就是說，本能可以以許多種方式表現出來：可能有數百種。而選擇哪種原型意象，則根據它所對應的本能。

他說到他非常熟悉的多賽特郡（Dorset）和塞納阿巴斯的白馬（White Hourse of Cerne Abbas），[17] 以及其他事。晚飯後，露絲翻開《聽眾》（*The Listener*），首先映入她眼簾的是一張約克郡的白馬圖。榮格對這幅畫很感興趣，他說那裡的東西都被清理過，這匹馬仿造也有些失真。一切都在改變……他發現多賽特陌生而

---

17　事實上，阿爾卑斯山的這幅畫不是一匹馬，而是一個扛著大棒的巨人。它是古代生育的象徵，過去，沒有孩子的婦女們會來這裡祈求讓她們懷孕。

怪異。他曾在那裡露營。

## 1957年1月10日

　　榮格談論起自然科學家的觀點。他說，他不希望別人把他自己的作品當做哲學來看待。他對抽象的東西不感興趣，他只對觀察到的東西感興趣，並試圖理解它們。他具有批判精神，無法接受某種疾病是由某些事件引起的這樣的解釋。他試圖去研究特殊疾病，看看它究竟是怎麼回事。生活不僅僅是我們所期待的那樣。人們希望瞭解**現實**，譬如，他們試圖消除錯覺，僅僅因為這種錯覺與「現實」不符。但錯覺本身就是某種東西，不能因為錯覺不同尋常，就否認它的真實性。

　　他說起一個夢，是幾年前在波林根的時候做的。當時剛剛造好第一座塔樓，他一個人在那裡待了幾天。那裡出奇寧靜，與大自然融為一體。夢中，他聽到各種樂器的聲音：有手風琴、小提琴等，他看到長長的一隊人沿著湖的一邊，從施梅里孔方向走來。走到塔樓時，他們分成了兩路分別沿湖的兩邊走去。這一切是如此逼真，以致他醒來時不禁想，他們在做什麼呢。他不認為他在做夢，於是起身拉開百葉窗去看這些人。那裡一個人也沒有，清朗的夜空中只有滿天星輝。

　　回到床上，他又睡著了。同樣的夢又出現了，但在夢裡，他想，儘管這一切都是真的，但它卻是個夢。然後他又醒來，再次向已經拉開的百葉窗外看去。

　　那時他無法解釋這個夢。這個夢大約是在三十年前做的，直到去年，他偶然讀到一份由一個盧塞恩（Lucerne）的老歷史學家寫的報導：卡賽特（R. Cysat, 1545-1614）收集整理了一本該地區

十七世紀初的民間傳說。其中有個故事講到皮拉圖斯山牧羊人，一個趕路人和他一起過了一夜，早晨，趕路人問起牧羊人一隊人奏樂的事：那些人就從他們宿營地的另一邊走過。牧羊人說，「哦，你看到了沃旦的主人。」

榮格舉這個夢作為例子是想說明，集體無意識是怎樣在一些特定的時刻聚集起來的，並且具有極高的價值。有時候，**孤獨與閒暇**非常重要，因為這時我們就會接近大自然（正如他做這個夢的夜晚），我們就可以聽到天籟之音了。

他還告訴我，許多年前，他與他妻子和孩子們一起去瑞士的一個地方度假，他對這個地方非常熟悉。一天早上，他和孩子們去探險，午飯時返回。他的太太告訴他，她去了鎮子的另一邊，那裡有一片堆石和一些小山丘。她看到其中一個小山頂上有幢非常古老的木頭建築，便爬上去看。她對門上的雕刻很感興趣；由於年代久遠，木頭的顏色已經發黑了，但雕刻卻異常完好。榮格說，「太有趣了！我怎麼不記得有這樣一座建築呢，我對那裡的堆石非常熟悉。」他請她再把這幢建築的位置描述一下，她建議說：午飯後他們可以一起去看，那裡只有二十分鐘的距離，在第二座或第三座小山上。午飯後，他們就出發了。他們走過第二座、第三座和第四座山，都沒有建築物。她感到困惑不解，但她肯定，她絕對看到過。他們花了兩個小時查看了每一座小山，但就是找不到。榮格說，他太太是個各種功能平衡得特別好的人，有著豐富的常識：「她是個感覺型的人——你無法強加給她任何東西。」但她卻遇到了這種事。這是事實，榮格對此無法做出解釋。

過了很久，又發生了一段類似的插曲。榮格曾對托尼說起過

拉文納（Ravenna）的東正教洗禮堂，那裡埋著加拉·普拉西提阿（Galla Placidia）[18]。西元五世紀初，在駛向拉文納的路上，作為海上風暴的倖存者，加拉·普拉西提阿修建一座教堂兌現了自己的承諾。後來，最初的教堂被毀，但她的墓地還在。

參觀完墓地後，他們走進了洗禮堂。儘管沒有人工照明，裡面卻充滿了藍瑩瑩的幽光。榮格環顧著建築，對托尼說：「不覺得奇怪嗎？怎麼在這座八邊形的建築中，東南西北各個方向都有漂亮的馬賽克畫，可我不記得之前看到過它們——它們太令人震撼了！」建築物的中央是一個受洗池，因為是用來浸洗的，所以是個大盆子。兩人一起把馬賽克畫研究了約二十分鐘。榮格說，這些馬賽克畫約有走廊掛毯（約六英呎乘以八英呎）的兩倍大。每一幅畫都講述了一個受洗的情景：一幅是聖彼得沉入大海，我們的主救起了他；一幅是埃及人被洪水淹沒時，紅海裡掙扎的以色列人；一幅是敘利亞的納曼在水裡受洗，治療麻風病；還有一幅是我們的主所經受的考驗。

每一幅馬賽克畫都表現出洗禮所具有的雙重象徵：既拯救生命，同時又面臨著死亡的威脅。給榮格留下特別印象的是那幅畫：沉到海裡的彼得伸出手，耶穌抓住了他，這是一幅最美麗的藍培斯馬賽克畫。

一離開洗禮堂，他們就去對面商店買這些馬賽克照片——這種地方附近總是可以找到這樣的小店。他們買到了洗禮池的

---

18　【編註】加拉·普拉西提阿（Galla Placidia）為羅馬帝國狄奧多西大帝之女，曾被哥德人俘虜，被贖回後又因政爭被放逐君士坦丁堡，後來回到拉文納，立幼子瓦倫丁尼安為羅馬西部帝國皇帝並以皇太后身份攝政。在位期間在拉文納修建了大量的教堂，其陵墓布滿精彩的早期拜占庭馬賽克壁飾。

照片，但沒有一張有馬賽克畫。他們又去了另一家商店，不幸的是，同樣如此，再去另外幾家，仍然沒有得到他們想要的照片。

不久以後，邁爾要去義大利，榮格對他說一定要去拉文納看看這些馬賽克畫，弄到它們的圖片，如果買不到，就把它們拍下來。那時，榮格正好在開講座，他在講座時提到了他和沃爾夫小姐曾在拉文納看到過的美妙的馬賽克畫，還對它們做了詳盡的描述。

邁爾博士從義大利返回後告訴榮格，他已經去過了拉文納的洗禮堂，但那裡並沒有他描述的那種馬賽克畫。榮格把這話告訴托尼，她說，「真是活見鬼！我親眼看見過，你還談論了它們約二十分鐘！」「可是，」他說，「沒有這種馬賽克畫！」因此講座時他說，「女士們，先生們，我很抱歉，沒有這種馬賽克畫。」[19]

這是兩個人都經歷的事，然而，該如何解釋這種現象，卻令他感到相當洩氣：他提供不了任何線索。

他提到這些事是為了表明，大腦是多麼神祕，而我們對它的瞭解又是多麼有限；當心靈的表現與我們習慣於稱為現實的東西不相符合的時候，要去「解釋」這種心靈現像是多麼徒勞啊！心靈中有許多東西都是我們不理解或尚未被發現的，這就是他去非洲、去印第安普韋布洛（Pueblo）部落，以及去印度的初衷。他想去研究非洲原始人的心靈，那裡人們的想法與我們自己的觀點是截然不同的。人類理解的光譜是無限多樣的，當我們試圖對超越

---

19　在「一九三二密宗瑜伽研討會」期間，榮格談到過這些馬賽克畫。在《記憶、夢和反思》第九章〈旅行〉的「拉文納和羅馬」（Chapter IX, p.265-266, *Ravenna and Rome*）。

我們理解範圍的事物進行解釋時，我們不能夠持非黑即白的簡單態度。

因此，在非洲之行中，他曾問過一個聰明人一個問題，此人可能是個祭司，也可能是教師。榮格問他：世界是扁平的，圓盤型的，還是球形的？他答道，「世界是圓盤型的。」「那麼，」榮格說，「假如你看到地平線上有一艘船，你最先看到的是哪個部分？」「你會看到船。」「不，」榮格說，他拿這個問題問其中的另一個人，這個人說，「你會最先看到煙，然後是船桅杆，然後才是船。」「這就對了，」榮格說，「這是因為世界是個球體。」「不，」祭司說，「不對！」「好吧！」，榮格說，「那麼理由是什麼呢？」祭司看起來相當困惑，他托著頭踱來踱去，一時回答不出。過了一會兒，他說，「我現在明白了！真主造了一頭巨大的石牛，把它扔進了大海，但把牛的左角留在了海面；那個角就是地球。牛角是突出來的，因此你會認為地球是球體，但它不可能是球形的，因為假如是這樣，海就會掉下來！」「是的，」其他人都說，「這才是真正的原因。」

榮格感到非常有趣，因為他知道，這是一個古老的波斯觀念。這些人把它當作事實來看，並感到滿意。

他繼續談他的非洲之旅，就在那裡，他第一次遇見露絲·貝利。那是1925年，從那時起，她一直保持與榮格一家的親密友誼。這次旅行的同伴有皮得·貝恩斯（Peter Baynes）和喬治·貝克威茨（George Beckwith）。福勒·麥考密克本來打算一起去的，但沒有成行。露絲和她妹妹與榮格乘的是同一條去非洲的船，兩姐妹將在內羅比（Nairobi）與她妹妹的未婚夫見面。不過，露絲不是在船上遇見榮格的。榮格和他的同伴們並沒有參加

船上一般性的社交活動，而是遠離人群，要麼閱讀，要麼相互聊天，被稱為「三個奧巴代亞（Obadiahs'）」（來自一首老歌）。到了內羅比，所有人都住在同一家旅館，露絲妹妹和她的未婚夫就是在這裡結婚的。當然，這個妹夫也向露絲展示了這裡的每一個禮儀，這對新人不讓露絲自己出去，讓她跟他們一起留在這裡，這令露絲感到尷尬。晚上，旅館舉行舞會時，露絲趁機離開了那對新人，溜到附近的一家酒吧；榮格正坐在那裡研究地圖冊，她問他，假如不打擾的話，是否可以坐同一張桌子，以免顯得孤單。他說，「喔，當然可以」，說完繼續研究他的地圖冊。大約有一個小時，他一言不發，然後突然說，「你對地圖感興趣嗎？」她說，「是的，非常有興趣。」隨後，他談起他的旅行計畫，指給她看他們要去的地方。

這次見面後，露絲與榮格及他的同伴相處了一段時間，直到榮格他們離開旅館。榮格一行向埃爾貢山走去，並在山腳下宿營。就在那裡，榮格收到一封烏干達總督寫給他的信，問他是否願意護送一位英國女士，她將從內羅比經蘇丹和埃及返程（這正好與他自己計畫的路線一致）。信中提到的人就是露絲，因此，內羅比的見面為榮格答應護送露絲鋪平了道路。露絲自己找到他們的營地，在接下去的三個月左右的探險中一直和他們在一起。她以前沒有聽說過榮格，對他的作品或名聲也一無所知。她善於運用自己的天賦應對野外生活中可能遇到的情況，用幽默和善意，以及極強的動手能力來應對一切。[20]

---

20  見芭芭拉・漢娜所著《榮格：其生平與工作》（p.165ff）

## 1957年1月11日

　　榮格再次提到《無意識心理學》的出版。他說，在寫〈犧牲〉（Sacrifice）一章時，他遇到了極大的困難，兩個月寫不出任何東西。他說，他寫的時候沒有分章節，是一氣呵成，事後才分出章節的。他覺得佛洛伊德不會接受這本書，因為他引進了另一種原理，即，自主產生的無意識。在佛洛伊德的思想中，從來沒有承認過這種觀點。榮格感到，這本書的出版，將意味著他與佛洛伊德的決裂。他的妻子一再向他保證，這不可能，但他對她的判斷保持懷疑，事情的結果正如他預料的那樣。

　　他提到，他曾經說過，他的思想來自他自己的思考，不是從其他人那裡學來的。為了佐證，他說，他曾饒有興趣地試圖去理解佛洛伊德與阿德勒觀點的分歧。其他許多人都知道這一點，但是，除了他自己，沒有人把這當回事。而對他來說，這是重大的問題，正是通過對該問題的研究，導致了他《心理類型》一書的誕生。我問他本人屬於他自己劃分的哪種心理類型，他說，他肯定屬於內向思維型。

　　與佛洛伊德一樣，阿德勒也滿足於他自己的理論，因為依靠這套理論，他可以解釋一切。對阿德勒來說，性不是重要的事，出人頭地更加重要。榮格認為這是兩種不同的觀點，每一種都可以解釋許多事，但不能解釋一切。佛洛伊德已經創造出了他的方法和理論，但卻是錯的。佛洛伊德不願，也無法成為經驗主義者，因為，如果你有一套固定理論的話，你就不可能是一個徹底的經驗主義者。

　　他提到：當他意識到通過詞語聯想測試，他已找到了佛洛伊德壓抑理論的臨床證據的時候，內心所產生的激烈鬥爭。魔鬼

說：「為什麼不發表呢？它本身就非常有趣，而且，也不用提到佛洛伊德。」但是，他抵制了這一瞬間產生的想法，當場決定把自己的命運與佛洛伊德聯繫在一起。這是個嚴肅的決定，因為這意味著，將犧牲他的學術生涯，違背許多朋友的忠告。但是他對真相更感興趣，「讓學術生涯見鬼去吧！」

他評論道，對一個人來說，重要的是使用自己的功能，正如他們本來是什麼就應該是什麼。比如說，假如一個女人始終保持理性的話，那會多麼乏味啊！最好她們的行為有一點出乎預料或非理性，這會令她們變得更為有趣。

談到佛洛伊德學派認為，一切都源於被壓抑的童年性慾時，榮格說：「他們的觀點是，當你意識到這一點時，你就只好拋棄掉童年性慾，忘掉它才可被治癒。但你不可能既不傷害它，又能拋棄它，因為孩子氣的東西是非常寶貴的：如依賴性、好奇心和期待心。這是永恆少年，是人所需要的，尤其是對上了年紀的人來說，它可以讓人保持健康。因而，試圖擺脫它是一個天大的錯誤。而且，你也無法恰當地處理它。」他說：他經常問別人，什麼是真正的昇華呢？從來沒有人能夠回答這個問題。這只是一種說法，現實中是不存在的。你不可能透過改變一個人去適應一種理論。

我問他是怎樣治療狂躁型憂鬱症患者的。他認為這些人是非常難治的，就像通常那樣，最好是在他們還沒發狂或憂鬱之前，就把他們弄到床上去。

此外，他還談到兩個憂鬱症患者的案例。有個害怕去巴黎的憂鬱症女人，病情穩定兩年之後，開始渴望去羅浮宮看畫（她是個受過高等教育的人），就和一個朋友去了巴黎。到達那裡的

當天，她和朋友就被一輛計程車軋死了。另一個案例是一個害怕踏進公共建築物的男人，他說，比如，踏上進入大英博物館的台階。這個人在柏林時，正好是希特勒上台前的國內危機時期，街上有人開槍，人們都跑進房子避難。他在一幢公共建築物的外面，衝上台階想躲過一劫，但就在台階上，「一顆子彈找上了他」，他被打死了。

　　總而言之，除了心理學方面的討論之外，我一再注意到，與榮格做一般性談話時，在他做出任何評價之前，他首先關注的總是事實本身，在事情還不明朗時，他總會向人提問，直到他確信自己已經聽懂了他們的意思。這是他非常典型的工作作風和態度，他不會先入為主，想聽到事實。他時刻準備著接受新的或出人意料的東西，這就是為什麼他沒有終結性理論。

　　當晚散步時，他問我，在聽佈道時是否聽說過不公正男僕的寓言故事。我說沒有。「不」，他說，「神學家們從來不會在佈道中說起，因為基督讚美過這個撒過謊的人，換句話說，這完全是有意為之。」[21]

　　晚飯後，我們坐在走廊上。像往常一樣，榮格圍著一條藍圍裙，坐在小桌的後面，桌上放著一塊石頭，石頭上是他正刻著的男性一支的家譜，不時嫺熟地雕幾下字母。他說，銘文是用拉丁

---

21　《榮格全集・心理學與宗教・答約伯》（CW Vol.11, VI）：「在基督的言說中，已經顯示出了超越傳統『基督教』道德的思想——例如，不公正管家的寓言，其中的道德就與伯撒抄本的箴言相一致，它所透露出的道德標準與我們所期待的道德標準非常不同。這裡的道德標準是覺悟，而不是法律或慣例。」（在注腳裡，他引用了伯撒抄本：「人啊，如果你確實知道自己做了什麼，那麼我保佑你；但如果你一點都不知道自己做的事，你就會受到詛咒，成為法律的違背者。」）

文寫的：「你知道，在稱呼祖先時，拉丁文是一種準確而高貴的語言。」

接著他說道，當他被授予哈佛榮譽學位時，拿到的榮譽證書是用拉丁文寫在「羊皮紙上」的。他尤其好奇的是，他們是如何把「無意識」翻譯成拉丁文的，即，mens vacua，意思是，未知或未經探索的心靈。他被稱為是無意識的探索者，他認為這句話特別恰當。

過了一會兒，他給我看一把刀子，很久以前，隨著一聲巨響，它被劈成四片。他把它用一張厚紙包起來，在下面做了一段說明。他還說到突然炸裂的桌子。那是一張桃木桌，是他祖母嫁妝的一部分，大概已經七十年了。這兩件事都是無法解釋的，[22]都發生在他見通靈女孩的不久前。他的博士論文《論心理學與所謂靈異現象的症狀》（*On the Psychology and the Pathology of so-called Occult Phenomena*）[23]裡，就寫到了這個女孩。

同時，他給我看一個淺色（紅色或粉紅色）的小玻璃杯碎片，玻璃杯頂部的一圈鋒利無比。他說，就在他丈母娘死的那一刻，玻璃杯的上半部突然炸裂了。他再次提到拉文納洗禮堂的經歷，至今仍是另一件無法解釋的事件。

讓我感興趣的一點是，自從1898年以來，他一直小心翼翼地收藏著這把刀，以及後來的這只玻璃杯。這一點也很有趣，直到

---

22　榮格著《記憶、夢和反思》第三章〈學生時代〉（Chapter III, p108-109）。

23　1902年，榮格用此論文作為他蘇黎世大學醫學系的學位論文，該文收錄在《榮格全集·精神病研究》（*Psychiatric Studies*, CW Vol.1, I）。

24　讓·馬丁·沙可（Jean Martin Charcot, 1825-1893）。他與他的追隨者們一起創立了著名的薩博特學派（The Salpêtriére School）。他對他那個時代神經病學的發展做出了貢獻，以在歇斯底里方面的研究和催眠術的使用而聞名。

那個晚上，他才在包刀片的紙上寫下說明。

## 1957年1月12日

　　早上吃早餐時，榮格說起1902年他去巴黎的事。他從來沒見過沙可[24]，那時他已經退休了，但榮格上過賈內[25]的課。他發現這些課枯燥得要命——絲毫不能讓人受益。賈內從不瞭解他的病人。與之相對的是佛洛伊德，他從來不比他病人知道得更多，只能透過自己的理論來瞭解病人。賈內是典型的法國心理學派，還停留在以法國為歐洲中心的十七、十八世紀。法國人不旅遊。榮格曾讀過一篇法國《晨報》（*La Matin*）上的相關文章：法國人把外國人視為不開化的人，為什麼要去看他們呢？他們擁有他們所需要的一切。所有受過教育有教養的人都說法語，因而在巴塞爾貴族那裡，使用法文是相當**符合禮節需要的**（de rigueur）。就連萊布尼茲[26]也用法文寫作。

　　他提到蘇黎世博物館裡著名的掛毯。掛毯圖案描繪的是與一個法國國王簽訂條約時的場景：法國人穿著華麗的衣服和長袍，瑞士代表團戴著高帽，穿著黑外套，就像一群老人。「一切都是內在的，和外界無關。法國人十分聰明，而瑞士人非常狡猾，這就是對法國人和瑞士人心理的最好概括——這樣你就全都明白了。想弄懂法國病人的心理，你就得知道這些情況。」

　　他在法國待了幾個月，但一個法國家庭也不認識。學生很多，然而，出了教室就不見面了。如果你要從他們那裡買東西，

---

25　皮埃爾・賈內（Pierre Janet），他以研究南錫沙特診所催眠術的使用而聞名。
26　萊布尼茲（1646-1716）。

或者，他們有求於你的話，法國人會非常禮貌，此外都是敷衍。他們還像大革命之前那樣。然後，拿破崙和**大軍團**（La Grande Armée）來了，但法國人仍然高高在上，目空一切。他們還像從前一樣只重視表面，所以他們做出奇裝異服來賣。

去倫敦時，他住在大英博物館附近的一個小飯店，發現這裡與法國完全不一樣。

他給我看一封來自美國病人的信。二十多年前，他曾為她治療過思覺失調症。她寫道：「那時，你對我說，崩潰是我的一次重要機會，我以為你僅僅想給我堅持到底的勇氣。然而，你是對的，現在的我就是一個證明。假如我沒有這麼幸運地遇到你的話，我就會徹底崩潰，我提到的所有好事都不會發生。」

這天晚上，正如這次拜訪中已經形成的慣例一樣，我們又在書房坐著：榮格坐在他的椅子上，閱讀或玩紙牌，露絲在長沙發上看書，我坐在放著罩燈的書桌旁的椅子上寫筆記。幾乎沒人說話。

# 13.                                              1957年夏

## 1957年7月2日 ｜ 波林根

　　抵達波林根。天很熱，旅途令我疲倦。我們在湖邊吃了晚飯，打算以後把木桌搬到湖邊，所有的事都是我和露絲貝利做的。

　　塔樓是個神奇的地方。入口通向庭院，庭院有兩個出口，門都是閂著的。還有一個外層，被牆和部分房子圍起來，也有閂著的門。

　　就像西斯特拉斯的房子一樣，這裡也只有一扇門通向房間，門很重，裝著一把大鎖和兩把耶爾（彈簧）鎖。窗戶很小，包括樓上的窗戶都裝著柵欄。客廳通向廚房，1923年榮格最初建塔樓的時候，就是以它作為基礎的。從前，廚房門是進入房子的主要通道，因此它也是一扇有著堅固大鎖的厚門，這扇門通向樓上的書房和新房（建於1956-1957年），這扇門也能鎖上。

　　榮格睡在舊塔樓，以便於他獨處。如果有盜賊從前門進入，就算他砸開鎖也還是進不來。所以，它就像堡壘一樣，具有濃厚的中世紀特點。[1]

---

1　這條沿著蘇黎世湖上半部南邊，穿過波林根的路，曾是從東邊過來的罪犯和冒險家們參加馬賽（Marseilles）外國兵團的必經之路，因而需要注意安全。

## 1957年7月6日

早餐時，說起專注。榮格說，在寫作時，他可以全神貫注，不大會輕易受到干擾。昨天早上，露絲進來告訴他該吃午飯了，那時他已經寫了兩個小時了。他感到非常吃驚，好像他沒來過這裡，什麼都沒有寫過一樣。這是因為他太專注了，根本沒有注意到時間的流逝。

我提到柯勒律治（Coleridge）：正當他在寫《忽必烈汗》（*Kubla Khan*）時，有個從龐洛克來的人打斷了他，他就再也無法繼續寫下去了。

榮格馬上問，「這個人想幹什麼？他帶來了什麼消息？」我不知道。「但這非常重要」，榮格繼續說道，「肯定是觸動了情結，使他陷入無意識中，結果他正在寫的東西的就消失了。我們也不得不繼續追問，為什麼像柯勒律治這樣的人也會靈感枯竭。」對我這個沒有想到這一點的人來說，吸引我的是：榮格怎麼會一下子就抓住了要點，使整個畫面變得生動起來呢。[2]

談到上帝的觀念，他說，他接受過康德式的教育。說起**自在之物**（ding an sich），上帝就是這種**自在之物**，他不是我們觀念中的上帝，他是一種不可知的東西。全世界的人都有上帝的觀念，但這些觀念是他們的主觀觀念，而非客觀的。

說起善與惡，我們必然始終同時擁有這兩種觀念。上面隱含著下面，就像光明包含著陰暗一樣，善隱含著不善。我們的主觀觀念總是這樣的，我們從中無法獲得定論。事物就是它們本來的樣子，樹就是樹，如果我們說它是一棵「好」樹，那就意味著，說的是我們與樹的關係，而對樹本身而言，等於什麼也沒說，因

為對其他動物來說，它可能是「壞的」。

　　他正在寫飛碟[3]，而我們對它還一無所知。我們知道的只不過是我們已經觀察到的**東西**，它可能來自火星或其他空間。飛碟被描述為有兩種形狀：一種是圓形的，一種是雪茄形的，就像管子裡的藥片一樣，後者可以包含前者。他談到一份舊報紙上的報導。報紙的幾份抄本現存於蘇黎世圖書館，報導上的圖片與我們今天看到的飛碟非常相似。儘管有大量的記錄，但保留下來的圖片非常少，結果就好像不存在似的。

　　當一些東西與我們通常接受的觀念不相符時，我們就說它們是「胡說」。而當人們說某種東西「僅僅是想像」時，他舉例

---

2 在威廉‧蜜雪兒‧羅塞蒂（William Michael Rossetti）編輯的《撒母耳‧泰勒‧柯勒律治的詩歌作品》（*The Poetical Works of Samuel Taylor Coleridge*）裡。描述了這段插曲：「1797年夏，當時正處於病中的作者，在一間孤獨的農舍裡隱居。這家農舍在龐洛克和林頓之間的埃克斯莫爾郡高地上——位於索美塞特郡西部和德文郡南部地區。由於輕微的不適，他服了止痛藥。正當他在讀帕切斯《朝聖》（Purchas's *Pilgrimage*）如下的句子時，藥性發作了：『……忽必烈命令在這裡建一座宮殿和一個宏偉的花園，因此，方圓十英里的肥沃土地都被牆圍了起來。』他坐在一把椅子上睡著了。作者持續深睡了約三個小時，至少感覺上如此。在睡眠中，他強烈地自信可以寫至少於二、三百行詩句——如果這也可以被稱為寫作的話，那麼這就是這樣一種寫作：在沒有做過任何感覺或意識上的努力情況下，所有的意象都生動地一一浮現在眼前，伴隨著與之對應的詩行。醒來後，似乎所有的記憶都歷歷在目，他立即拿起筆、墨、紙，迫切地記錄下他記憶猶存的詩行。不幸的是，正在此時，一個從龐洛克這裡辦事的人把他喊了出去，浪費了他一個多小時。當他回到自己房間時，令他吃驚和惱火的是，他發現，儘管他仍然保留著一些殘存的模糊不清的夢中記憶，但是，除了八行的詩句殘片之外，其他所有一切都像石沉大海。除了泛起漣漪一點，很快就消失無痕了……而從作者尚存的記憶片段來看，他曾多次試圖完成最初獲得的東西——但再也回不到過去了。1816年。」

3 榮格著《飛碟，天空中的現代神話》（*Flying Saucers: A Modern Myth of Things Seen in the Skies*），1959年出版於英國。亦可參見于《榮格全集‧文明的過渡》（*Civilization Transitions*, CW Vol.10, Section V）。

說，在汽車或飛機還沒有最終造出來之前，人們也說它們「僅僅是想像」，因而，想像也是種東西。

## 1957年7月7日

早餐後，坐在我們放了桌子的陰涼處，我對榮格說起強迫症以及其中難以理解的成分。他同意我的觀點，還說，直覺型的人經常會被問道，「我們現在該怎麼辦？」因為他們能夠預測未來。

接著榮格的兒子，法蘭茲・榮格（Franz Jung）（他是昨晚到的，帶著他的兩個兒子）的話，我提出這樣一個問題：為什麼夢總是在到達高潮之前時戛然而止。我認為，這是因為人們害怕他們自己身上的某種東西。榮格說，通常是這樣，因為在他們的無意識中，有某種與他們已有觀點發生碰撞的東西。他舉了一個前來求診的神學家的例子。此人反覆夢到自己在一座山上。山下是一片樹林，儘管他看不到，但他知道，樹林裡有一個湖。在後來的一個夢裡，夢中的意象有了進一步的發展，這個牧師在樹林裡，朝著湖的方向走去。微風吹來，湖面泛起漣漪，湖開始「呼吸」了，他從恐懼中醒來。「喔，」榮格說，「這是個熟悉的主題，你對此有什麼聯想呢？」我問他在聯想中，他想到了什麼熟悉的東西？他說，他聯想到《聖經》[4] 裡水被攪動的故事。這意味著，此人可以被治好，或者說，有治癒的可能性，但這也意味著他將放棄或修正他的神學觀點，而這正是他所害怕的事。

---

4　病人們聚集在耶路撒冷的畢世大池，當水攪動起來時，誰第一個踏進池子，誰的病就會痊癒。

他繼續談到非洲土著——他們有他們的自然心理學。榮格在埃爾貢山期間，曾與當地土著相處了一段時間，他注意到土著人可以敏銳地觀察到他們一行人各自的性格。榮格始終克制著自己的情緒，引而不發，他們因此敬重他，把他當作老人和智者。其實他才五十五歲，頭髮卻白了，因此他們認為他可能有一百歲了（因為他們的頭髮從來不會白，除非太老）。他們把自己的夢講給他聽，問這些夢的凶吉，假如不吉利，那天他們就不出門。

　　我談到歇斯底里症的症狀已經發生了變化。拿印度人和緬甸人來說，他們都有傳統的歇斯底里症，而英國人卻沒有。他說，瑞士也一樣，現代人很難患上以前的歇斯底里症。

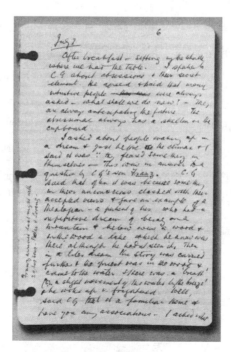

筆記本真跡

1957年夏　　145

榮格正在讀勞斯先生（Mr. Routh）寫的一篇關於新改革可能性的論文（〈所有靈魂的伴侶〉〔Fellow of All Souls〕）。他說，這篇文章非常好，但還沒有真正說到點子上——改革不可能來自對歷史的研究或類似的東西，改革只能來自個人的內心體驗。因此，改革必須來自今天已經存在的東西之中，來自過去的東西，譬如，聖保羅或耶穌的教誨只能作為啟示，僅此而已。保羅自己就是突然獲得覺醒的。除了個人的宗教體驗（內在意義上理解的宗教）之外，其他都沒用。這種體驗可以採取許多種方式，比方說，戀愛或任何真正有活力的東西。

## 1957年7月8日

　　與榮格長談時，我又問起那個白鳥的夢[5]。他說很長一段時間，他都感覺非常神祕。開始的時候，他想到，「十二個死人」指的是聖誕節的前十二天，也就是傳統上女巫所說的一年中最黑暗的日子。說「聖誕節前」也就是說在「太陽復活之前」，因為聖誕日是一年的轉捩點，在密特拉教（早期基督教最有力的競爭對手）裡，這一天是慶祝太陽誕生的日子——聖誕夜到節禮日之間的轉捩點。直到很久以後，他才把夢裡的鴿子與荷米斯聯繫在一起。

　　我又問到巴塞爾那張裂開的桌子。這件事大約發生在他見到通靈女孩前後，麵包刀也是大概在那個時候碎裂的。那是一張他們吃飯的圓桌，這不過是一件怪事，不是宗教事件，因為是宗教的話，那就扯個沒完了。這兩件事是孤立的。[6]

---

5　這個夢與1957年1月7日的談話有關。
6　這些瑣事在1957年1月11日的談話中提到過。

然而，通靈女孩的降神會以及隨後對她所做的實驗對榮格來說就很重要了，因為從中他第一次看到了還存在著另一個世界（無意識），它有自己的生命，相當不同於意識生命。當這個女孩的靈魂出竅時，她領先於她十五歲半的實際年齡。後來，他從中得出這樣一個結論：無意識是沒有時間的──她所有的生活都已經存在於無意識中了。這個女孩很靈巧，後來成了巴塞爾一流的裁縫，做出了最漂亮的服裝。二十六歲時死於肺結核。

　　我問到他的功能類型[7]以及佛洛伊德的那一套，例如，肛門性慾等等。他說佛洛伊德那一套是相當乏味的，那是因為佛洛伊德受到了阿尼瑪的困擾。只有女人才會對這種事感興趣，由於她們要生養小孩。而他之所以描繪出功能類型，是因為總的說來，這些功能是真實存在的，並且是可以理解的。只要思考和感覺，每個人都能明白這種劃分的意思，它們並非無的放矢。

　　他說，他與佛洛伊德決裂後的日子對他來說非常艱難，恰好又是在一戰爆發之前。1914年7月，他受邀去亞伯丁做思覺失調症[8]的演講，那段時期，他正最大程度上受到種種幻覺的干擾和折磨，後來他做了一個夢。幾個月之中，這個夢出現過三次，儘管細節上有所不同，但中心主題是一樣的：描繪的是極地的冰川融化，淹沒了歐洲和文明社會。起初，他只從個人角度來看待這個夢，還不知道夢的其他意思。而當戰爭[9]爆發後，他所擔心的，

---

7　《榮格全集・心理類型》（CW Vol.6）的第十章中，談到過這種功能。

8　榮格著〈論無意識在精神病學中的重要性〉（On the Importance of the Unconscious in Psychopathology），收錄在《榮格全集・精神病的心理發生過程》（CW Vol.3, III）的題目第一次發表在《英國醫學雜誌》（1914）。

9　《記憶、夢和反思》第六章〈對抗無意識〉（Chapter VI, p.169-170）。

或許有個人不幸降臨到他頭上的憂慮減輕了，因為他明確地意識到，這些夢暗示的是戰爭的災難。他經由德國從亞伯丁回家時，有幾段路乘的是軍用列車。在科隆或科隆附近，他看到一艘被擊落的齊柏林硬式飛艇，飛行員掛在樹上。

談到他後期的寫作。他說，在他發表煉金術著作[10]時，人們說，真是一派胡言。一個牛津教授給他寫信說，讀完這本書，他感覺有趣極了，但書中沒有給出證據。「可是，」榮格說，「這本書到處都是證據啊！他需要什麼作為證據呢？他可以用什麼東西做出『科學』解釋呢？用照片嗎？」榮格認為重要的是：人們想的東西正是煉金術士們已經做過的，煉金術士們有過的經驗，今天依然存在。他感興趣的是**體驗**，而非「證明」。

## 1957年7月11日

關於佛洛伊德所假定的審查員，由於它是無意識因素，是以分裂的形式出現的，因而我們永遠不可能知道。他因此推導出，夢裡出現的任何尖銳的東西都是陰莖，所有有洞的東西都代表著陰道。「但是，」榮格問他，「如果夢到陰莖，那麼它又代表著什麼？」「喔，那麼，」佛洛伊德說，「審查員不工作了。」這無疑是一種「**想當然爾**」（petitio principii）。

我問起尤金・布雷勒以及他對夢的態度。榮格說他從來沒有認真對待過夢。他會問榮格某個具體的夢的意思，但是對任何給出的解釋，他的回答總是「都是胡說八道！」

榮格說，布雷勒後來出版了一本伯格霍茲里醫院史，幾乎

---

10　《榮格全集・心理學和煉金術》（CW Vol.12）。

提到了在那裡工作過的每一個人，卻沒有提到他。而恰恰是榮格，透過對詞語聯想測試的研究和他發表的著作，使得伯格霍茲里聞名遐邇。有人寫信給布雷勒，問他為什麼不在他的書裡提到榮格，他回答道，「喔，他已經大名鼎鼎了，每個人都聽說過他！」但為什麼要把他排除在外呢？這就是不寫他的理由嗎？

我們談到邪惡，他提起《新約聖經》中的奇怪法則：「給他，他將要得到的東西。從他那裡，拿走他將不擁有的東西。」[11]（我提到一個英文版本，是這樣翻譯的：「拿走似乎是他擁有的東西」但他說，在德文譯本中不是這樣的）。他說，作為一種原則來說，它是不公正的。他還提到，基督騎著驢子去耶路撒冷時說的話是不對的：走路的人一無是處。這是他為即將到來的凱旋，成為塵世的救世主而自居。隨後，他又詛咒光禿禿的無花果樹，這也是錯的，因為此時還不是無花果結果的季節。就像一個人去踢一塊絆倒他的石頭那樣。也就是說，榮格認為，基督騎在驢子上說的話是錯的。他因為發脾氣，才詛咒無花果樹，就像我們普通人一樣，他發脾氣時常常犯錯。

在諾斯替教中提到，上帝說：他創造的東西都是好的。而對凡人來說，不到創造的最後一天，我們怎麼可能知道好壞呢？

榮格經常會發表一些有趣而尖銳的評論，譬如在高倫街，他向一個人問路，此人告訴了我們該怎麼走，看到不遠處氾濫的萊茵河（或它的一條支流），他又囉裡囉嗦了起來。事後，榮格諷

---

11　見關於天賦寓言的最後一句話。（《馬太福音》，25:29）。
　　【編註】中文和合本譯文為：「因為凡有的，還要加給他，叫他有餘；沒有的，連他所有的也要奪過來。」。

刺道,「這些外傾型的人是相當有用的。」

　　當我們開著福勒的車兜風時,他一路上都在興致勃勃地欣賞鄉村景色,談起它的地質地貌。今天,我們從高倫大街一直開到康斯坦丁湖(Lake Constance)的羅夏奇(Rorschach),然後又沿著匯入湖泊的萊茵河向南開。我們繼續向薩苷斯(Sargans,它以葡萄酒和軍事要塞聞名)方向開,然後沿著一條宏偉的大道經瓦倫湖到達韋森(Weesen)。我們本來預期能在這裡美美地吃上一頓,實際上,卻是一頓平淡無奇的飯菜。

## 1957年7月13日

　　今天,榮格讀了一個小故事,是我曾治療過的一個病人發表的。他(榮格)認為這是個邪惡的故事,並從病理學方面做了評論。這個故事讓他想起他曾經見到過的一個年輕女人,她認為自己正生活在月球上(月亮屬於陰性原則)。他對她進行了治療,而且治好了她。但整個治療過程相當棘手,他認為最重要的是要與她保持接觸。她的故事反映了問題的本質,榮格毫無保留地接受她的敘述。經過許多小時與榮格的交流,三個星期後,她給了榮格一個沉甸甸的小袋子,裡面裝著一支上了鏜的左輪手槍。「這是什麼?」他問道。她說,這三個星期以來,她一直隨身攜帶著它,如果他治不好她,或不相信她說的話,她就向他開槍。不知為什麼,榮格始終擔心她可能會做出傷害他的事,但他不敢跟她說。

　　後來,她結婚了,有了家庭。當她已經成為一個老嫗時,她寫信對榮格說,過了這麼多年,她仍然無法相信,她曾經患過精神病,而且還住過院。

他說，人們很難接受心靈除了是個人的主觀的之外，還可以是其他的東西。但是，自從他接觸了通靈女孩之後，他就把心靈視為一種擁有自主律的客觀現象了。

今天，榮格看上去情緒很好，他興致勃勃地從一本美國雜誌上挑了幾個片段朗讀了起來。其中一篇寫的是一匹會思考的馬，另一篇講的是一條行為古怪的狗，它的主人還為它請來一個**狗的精神病專家**！這令他十分感興趣。也有可能是馬的主人影響了馬，通過刺激，使得馬用腳打拍子來數數[12]。

他繼續說到那些顯靈的各種招魂術現象。他舉了一個例子，他的一個熟人曾參加過這種實驗：出現了一隻手，他的朋友抓住了它，手沒有骨頭，當他的朋友抓緊它的時候，手卻漸漸地消失了。他評論道，這種怪事確實是有的。還有一次出現的是一個頭，他的朋友把一隻玻璃管塞進它的嘴裡，再通過一根橡皮管連接到生石灰水，從嘴裡呼出的二氧化碳，在容器內形成了碳酸鈣的沉澱物。

晚上，我們在湖邊吃了一頓特別美好的晚餐，還喝了一瓶教皇莊園釀造的1945年葡萄酒。露絲把它形容為提前為榮格慶祝生日。我只給了他一些雪茄作為生日禮物。

## 1957年7月14日

榮格告訴我，多年前，這裡還只有一座塔樓，冬天，他過來

---

12　這些懂讀心術馬的故事，「神奇的女士」與犬科精神病專家的故事都可以從1957年8月的《命運》（*Fate*）雜誌上讀到（Clark Publishing Company, Illinois）。

一個人住了兩個星期。這裡絕對安靜，沒有一個人，除了風聲和水波聲外，沒有任何聲音。漢斯來幫他做家務，做完就回家了。就在那時，他做了那個值得重視的夢——沃旦的主人從施梅里孔那邊走了過來[13]。他說，當你孤身一人，把你的思想都暴露出來，面對無意識的時候，這種事情就會發生。許多人無法忍受長時間的孤獨，但孤獨卻是有價值的。

也就在那個時期，有一天，當他們（榮格和漢斯）正在做飯時，榮格清楚地聽見有人叫他的名字——「榮格醫生」。他走到門口，那裡卻沒人。他問漢斯，他是否聽到過什麼聲音，他說沒有。接著，他和漢斯都聽到有人喊他的名字，他們一起跑到門口，還是沒有人。漢斯愣住了，他說，他親耳聽到這聲音。這種事到現在還無法解釋。

喝完茶，榮格從雜誌上讀到一個吵鬧鬼的故事。他說，這類故事有許多已被證實了。他提到一個發生在澳大利亞的故事：石頭總是砸向一個少年（這種事總是發生在青少年身上）或掉在他周圍。人們把他關進一個帳篷裡，十個人在外面觀察。石頭從帆布帳篷的裡面掉了下來，外面的人卻什麼也沒有看到。由於這個孩子感到無比痛苦，便去了另一個地方，然後又去他祖父那裡尋求幫助，以便不再引鬼上身，落下石頭。

榮格說這種發生在青少年身上的吵鬧鬼現象，經常是作為一種解離症出現的，就像那個通靈女孩一樣。十四歲到十六歲之間的少男少女們通常是最瘋狂最危險的，什麼愚蠢的鬼把戲都會

---

13　這次經歷在一三五七年一月十日的談話中被提到；榮格把它記錄在《記憶、夢和反思》第八章〈燈塔〉（Chapter VIII, p.217-218）。

做。他自己就曾做過這種傻事。這可能是一種共同具有的傾向，與成長的可能性有關。我問起奧利弗‧洛奇（Sir Oliver Lodge）的經歷[14]。當然，他清楚地知道雷蒙德——他的知識面之廣，記憶力之強，真是令人歎為觀止。他說，所有一切看起來都非常愚蠢，其中卻不無真理，但奧利弗從來沒有從心理學角度思考過。

榮格說起，在他妹妹死後的第六星期，他夢見了她。他在一個有點像城堡的地方，要去車站見她。他見到了她，她比榮格高出約一個頭。他走在她身邊凝視著她。然後，她就把自己的身高變得與榮格一樣了，她活著的時候比榮格矮。

他對這個夢沒有多做評價或解釋。不過他繼續談到他做的關於他父親的三個夢。他的父親死於1896年。他是個受過高等教育的人，一個通曉六、七種東方語言、希伯來文、阿拉伯文、埃塞俄比亞文等語言的學者。但他荒廢了這些學業，沉湎於與他人的閒聊與交談。在第一個夢裡，父親比榮格高，活著時他比榮格矮。榮格看見他在他的房子裡，那裡有一個中世紀圖書館，就像大英博物館閱覽室那麼大。這意味著智力方面的成長。

榮格再次夢見他的父親是在1922年：他父親去世二十六年後的10月或11月。在夢裡，他的父親出現在榮格庫斯納赫特的房間裡，比他活著的時候小了許多。榮格以為父親會告訴他，自從1896年他死以後發生的事，並且看看他的妻子和家庭。可是，他

---

14　奧利弗‧洛奇爵士（Sir Oliver Lodge），英國物理學家，出生於1851年。他早期的工作包括對閃電以及各種電解現象、電磁波和無線電報的調查研究。1802年獲得騎士勳章。1901到1904年擔任心靈調查社社長。他的小兒子，雷蒙德死於一戰，死後曾通過降神會與他交流，並且把這些經驗公開發表。每當許多人失去親人時，這本書就會備受關注。

父親來這裡似乎是為了向他諮詢的，他問起榮格關於婚姻生活的問題（儘管他與榮格母親的婚姻生活並不成功）。因而，榮格給他上了一堂關於婚姻及家庭問題的課。第二年春天，榮格的母親去世。似乎他的父親已經預知了她的死亡，並將再次遇見她，而且為此已經做好了準備。

第三個夢裡，他的父親高了一些──他長高了，比榮格還高。他們在距離阿格拉（Agra）或嘎達普特列（Chataputri）不遠處的一個古印度小鎮，榮格還是個青少年。對面工棚裡的兩個年輕工匠的行為舉止就像吵鬧鬼一樣，毫無目的地亂扔木塊，發出可怕的聲響。這個夢是在二十八年後的1950年做的，當時，榮格正在寫或準備寫《艾翁》[15]。在這個夢裡，榮格是個少年。這是一種模仿行為，正如在青少年吵鬧鬼故事裡一樣，其中包含著模仿成分。因而，在通靈女孩昏迷狀態時，她的行為就像三十歲婦女那樣。

## 波林根

石頭確實代表著遠離塵囂的榮格本人。

左邊的圓形塔樓是最先建好的；這是個大廚房，樓上有三個房間。

塔樓裡沒有電燈，只有油燈，煮飯用的是平爐和油爐。水是由門廳裡的水泵供的，下面是一個大石盆，上面有許多石雕。走廊的牆上有兩個小孔，一個能看到通向房子的小徑，另一個可以看到前門的小徑。

---

15　《榮格全集・艾翁》（CW Vol.9, Part II）。

早飯在八點半左右，我們坐在外面的陰涼下吃，下雨的話就在廚房。早飯後我們可能會坐下來閱讀或交流。露絲和漢斯洗碗（或露絲和我），榮格不幹這種活。他已經寫完了關於飛碟的文章，現在不得不寫一篇關於良心的小論文，一個提不起他興致的主題。但是他說，人們對它感興趣，並賦予它太多的意義。我提到愛爾蘭的羅馬天主教主教佈道時說，人們不應該遵循他們的良心，而應該遵守教會的話。他說，這會使人獲得安全感，這樣他們就不用再思考了。

　　晚飯後的傍晚，我們或坐在外面，或坐在庭院走廊煤油燈下讀書。榮格讀報的範圍涉獵甚廣。下雨的時候，我們就坐在第二座塔樓底層的小房間。後面的大壁爐幾乎佔據了一整面牆，圓形休息室的周圍，是貼著瓷磚的石凳，上面放著一些墊子，空間很小。有兩個晚上，我們（榮格、露絲和我）的椅子緊緊挨在一起，就著一盞從天花板上垂下的老式煤油燈看書。今天晚上，我們也是如此。多麼古怪的場景啊！要是那些榮格的讀者能夠看到這裡的榮格，該有多好啊！他穿著襯衣、一件舊套衫和長筒襪（上面有破洞！）。好多菜就是在這裡做的。比如說，今天晚上，榮格坐在一張小椅子（特辛〔Tessin〕製造）上，埋頭做了一頓可口的晚飯。他確實對烹飪的每個細節都非常挑剔。我們切好豬肉，用麵粉、水和一杯葡萄酒做成佐料。然後在桌上把大蒜切碎，用一把木勺把佐料、鹽、胡椒（我想是）和大蒜攪拌在一起，做成沙拉。接著我們吃了一些梅子湯（梅子來自庫斯納赫特花園）和一些櫻桃白蘭地。味道好極了。隨後走進了我們現在坐著的塔樓底樓。

　　第二座塔樓是從第二層開始建的，這個房間完全是整個建築

第二階段的擴建部分。接著才有塔的上半部，然後是圍牆，然後是庭院裡的涼亭，然後是1957年最後建成的頂樓。

## 1957年7月15日

這天午休之後，榮格花了一個半小時劈柴。這根漂木是漢斯（和我）從湖裡撈出來的。他不可思議地敏捷，用力揮舞著砍刀。然後他和我把柴火搭成瑞士地圖的形狀。之後我們在榮格已生起火的庭院涼亭裡吃飯。眼下，露絲在房間忙活，我和榮格坐在涼亭，他一邊抽著我作為生日禮物送給他的雪茄，一邊像往常一樣讀報，我寫著筆記。這天下午，露絲和漢斯劃著船，花了很長時間清理長在湖面下及塔樓前的雜草和蘆葦。

露絲每天都用麵包餵水鴨，多麼可愛的小鳥啊！爸爸、媽媽和兩隻幼鴨。有時候，偶爾也會出現天鵝一家：三隻小天鵝要麼跟著爸爸，要麼跟著媽媽，或者跟爸爸媽媽一起出現。

還有一天，漢斯和我花了約兩個小時用滑輪把一大堆煤磚吊上最新增加的塔樓頂的閣樓。

後來，與榮格交談。我問他，早期與父母在一起的經歷是否是他對心理學產生興趣的原因。他說，他認為沒有。父親對他的宗教教誨是模糊不清的，而在某種程度上，在他還是個孩子時，他就認為宗教是非常不真實的；母親從不談論宗教的事，她總是回避他的問題，將它們擱置一邊。他繼續說道，在他早年間，他從他老師那裡沒有學到任何影響他自己思想發展的東西。這些東西都是從他頭腦中自己產生的。從六歲那年起，他的父親就教他拉丁文，他為此終身感激。

他說，與佛洛伊德決裂後，他感到某種對生活意義的強烈

需求。他可以看到，過去的人依靠神話生活，也就是說，他們有著賦予生活意義的某種中心思想。然而，他問自己，他依靠什麼神話，什麼中心思想生活呢？他什麼都沒有。過去，他曾就基督教問過他父親，父親無法回答他的問題；只是說，「喔，你想得太多了！你只要相信就是！」「然而，」榮格回答，「我這樣做了，但我怎麼能夠停止思考？怎麼能夠僅僅只是相信呢？」但他從不回答。在與佛洛伊德決裂之後的一段時期內，這個問題成了他的真正難以回答的問題，有三年的時間，他什麼都不寫，也不做科學研究，只依靠自己的心理學和信仰來試圖（成功地）理解這一切。

當人們談起個人救世主的時候，他無法理解這些人在說什麼。上帝怎麼能讓他的兒子釘死在十字架上呢？任何父親都不會同意這麼做，然而，上帝卻要求他的兒子必須去做。《新約聖經》中的各種暗示給他提供了《舊約》和《新約》之間的連貫性線索：一個是不公正管家的故事，另一個是耶穌詛咒不開花的無花果樹的事實。當他還是個孩子時，人們就讓他去愛耶穌，他是為我們贖罪而死的，但他無法想像用什麼樣的個人方式才能接觸到這種形象的耶穌。為什麼他的死應該這麼重要呢？為什麼必須要用這種方式安慰上帝呢？

我問榮格，他發現了什麼樣的神話——對他來說，是什麼樣的中心思想賦予了生活的意義？他立即答道，「喔，是集體無意識。」

## 1957年7月16日

早飯時談到佛洛伊德，他說，歐尼斯特・瓊斯[16] 瞎寫道，佛洛伊德曾對他自己做過個人分析。這是不可能的，因為任何自我分析的嘗試都只能是主觀的，他絕不可能超越自己，超然地進行自我分析。在分析時，絕對需要來自他人的看法。

佛洛伊德神話在於他擁有「創始人」的地位，因而容易疑神疑鬼，他懷疑榮格想取代他。但榮格說，他第一次接觸佛洛伊德是由於他在臨床上證實了佛洛伊德的壓抑理論，而這意味著他將放棄自己前程遠大的學術生涯。有兩個教授曾寫信警告他，把自己的命運與佛洛伊德捆綁在一起，將會帶來職業上的毀滅。但是，對於真理的渴望：去發現大腦究竟是怎麼回事，驅使榮格不得不這麼做。隨著時間的推移，他認識到，佛洛伊德的路子是固定的，任何與他的理論不相符的思想都會被他排除在外。

1909年，當他們一起出訪紐約時，他們曾互相分析了對方的一些夢。佛洛伊德對一些夢境拒絕聯想；他猶豫了一會兒，然後說，「不，我不能拿我的權威去冒險。」在那一刻，他自然失去了他的權威。[17] 而榮格的問題令他感到震驚，他的所做所為也改變了他對他的態度。佛洛伊德曾對他說，不必在乎患者的看法，他們無關緊要。「真是奇談怪論，我們正是從我們的患者那裡學

---

16  歐尼斯特・瓊斯，《西格蒙德・佛洛伊德：生活與作品》〈自我分析〉（Vol. I, Chapter XIV, 'Self-Analysis'）（Hogarth Press, 1957）。

17  這件事在貝納特所著的《榮格》擴充版，「榮格與佛洛伊德：相遇與道別」的章節中做過敘述（p.39-40）。

到東西的！」榮格回答道。他繼續對我說，事實上，佛洛伊德是個很好的感情型的人，他通過善待病人來治療他們。

# 14.    1959年春

## 1959年3月20日 ｜ 庫斯納赫特

下午兩點二十分到達中央火車站，見到露絲‧貝利和穆勒（榮格的司機），然後驅車前往庫斯納赫特。在走廊上喝茶。榮格狀態良好，看上去很健康。他興致勃勃地欣賞著駛來的挖泥船，顯然是斯特蘭德巴德浴場（Strandbad）來挖泥的。

喝完茶，他去看一個病人，我去拜訪芭芭拉‧漢娜。回到西斯特拉斯街，晚飯前，榮格、露絲和我在花園散步，觀賞兩棵木蘭樹，其中一棵是去年種的。然後，我們穿過花園來到湖邊。我問起釘在避暑別墅上的那個十字架是哪裡的，他說是從教堂墓地拿來的。

晚飯時，我們興致勃勃地閒聊。榮格為療程已經結束，只有一、兩個病人要看而感到高興。我提起我們曾在聖加侖（St. Gallen）遇到的告訴我們河水正在氾濫那個人，並且他還（榮格）評論過「這種外向型的人是非常有用的」，他開懷大笑起。

後來，我們去了樓上書房。他說，他已經「像以往一樣」，為我安排好一把寫字台燈下的椅子。他靠窗坐著，抽著雪茄看報紙，還遞給我一根雪茄。他的寫字台上有一個我之前見過的東西，那是印度精神病學社送給他的，上面刻著一朵盛開的蓮花。幾年前，他們還送給他了一條棉質**腰布**，他興致勃勃地費了好大的勁才把它裹上。桌上還有一尊金屬佛像。

主書房的另一個特點是，有一個很大的鋪著綠瓷磚的瑞士

爐，由於放得恰到好處，使它看起來就像一個裝飾品。這種爐子生火很容易，節約燃料，通常是燒木柴的。在我坐椅背後，是煉金術方面的書———一套了不起的藏書。

榮格看完報紙後，就翹著腳坐在另一把椅子上，在膝蓋上的木板上玩起了單人紙牌。我們安靜地坐著，無比祥和。夜裡，他喜歡安靜，好讓他的大腦放鬆，舒展。

## 1959年3月21日

早餐後，榮格和我坐在陽光下的花園裡，他讀著我寫的引言和第二章的部分章節[1]，讀的時候做了一些評注。他父親是路德教的，但屬於巴塞爾的歸正會。日內瓦（加爾文〔Calvin〕）和蘇黎世（茨溫利〔Zwingli〕）是有區別的，後者非常理性：接受聖餐時使用的是木容器，沒有裝飾品，而巴塞爾卻有更多的儀式，或說，更為古老的樣式。

看到我筆記中，寫他童年時夢見地下室時，他說，這個夢對他產生了重大的影響[2]：

一條帶子般的紅地毯通向一個台子，台上是一個很大的黃金寶座。他說，寶座上立著一個東西，他認為是個樹幹，大約是他身高的四倍（十二到十五英呎）。他用鉛筆在我手稿上做了相應的修改。它長著一隻像地下神一樣的眼睛，當從外面傳來母親的聲音：「看啊，他就是個食人者！」時，加劇了這個幽靈帶給他

---

1　貝納特著：《榮格》（1961）。

2　同上，p.10。榮格著：《記憶、夢和反思》〈早年生活〉（Chapter I, p.26）。

的恐懼。

　　他告訴我，他一直在寫他人生第一個二十五年的自傳，至於是否出版，他猶豫不決，因為很容易被人誤解，並且，還會打擾許多依賴他的人。他說，就在兩年前，正當他寫自傳時，他突然把早年的三個插曲聯繫了起來，即，夢見洞穴、牧師和葬禮。[3] 他經常看到葬禮，因為教堂的墓地就在他家房子的附近，只有在這種儀式中，男人們才會戴著高帽子，穿上錚亮的皮鞋和黑衣服。在他的頭腦裡，他把夢裡的洞穴與墳墓（就像墳墓中的耶穌）和牧師聯繫在一起了。而他曾認為這個牧師是個女人。多年來，這些經歷都是「意識的孤島」，現在他第一次看到了它們之間的聯繫。

　　當他還是個小小孩時，他就被教會了去祈禱：讓耶穌照顧這隻小雞（他自己）、保佑他平安，並把他放在耶穌的翅膀下。在小雞與小蛋糕的概念之間，存在著某種聯繫，但上帝不吃蛋糕，而魔鬼卻會吃掉所有這種樣子的蛋糕。[4] 所有這些思考都成了他的**祕密**，因為他認為，他的父母不知道這些事，也無法理解它們。這些想法使他因此疏遠了他們。他把他母親在夢中洞穴裡說的話

---

3　　榮格著《記憶、夢和反思》（p.25ff）。
4　　同上，p.24。
　　　展開你的翅膀，溫柔的主耶穌，
　　　咽下你的小雞、咽下你的孩子，
　　　「如果撒旦要來吞噬它
　　　也就無計可施」
　　　讓天使這樣唱吧！
　　　在德語中，小雞和小蛋糕是有聯繫的；德語kuchlein一詞，既指小雞也代表小蛋糕。

（「那是個食人者」）與牧師聯繫在一起。那是絕對恐怖的。許多年過去後，他在一個在巴塞爾做的夢裡發現，他必須接受這種奇怪的觀念：上帝對待教會很無禮。[5]

科學家會如何思考這些問題呢？對他來說，這些東西給他留下了深刻的印象，也是他成長的源泉。

下午，我們花了半個小時開車去波林根，有榮格、露絲和我。在溫暖的陽光照耀下，塔樓展現出它最美麗的一面，我們在周圍散步。榮格帶我去看靠近船房邊的小路盡頭他雕刻的阿提斯（Attis）。石雕是一根小柱子，上面刻著「致阿提斯」。它被放在一叢野生海葵花的中心，榮格說，這是阿提斯之花。他說阿提斯是古代最美麗的故事之一，可以與阿波羅和狄蜜特的故事媲美。他塔樓的牆上，刻了一個下跪婦女的新雕像，他說那是阿提斯的媽媽。

當我們到那裡時，榮格在小溪旁坐了很久，這是一條發源於兩股泉水，最終流向湖泊的小溪。他有個彎曲的小鏟子，他說是牧羊人用的，他用一根皮帶把它固定在馬球杆的末端。杆子很長，他坐在溪邊，用鏟子清理河道，以免湖水漫溢出來。我問他什麼幹這種活，他說他發現這樣可以讓他放鬆，令他的大腦活躍，他喜歡待在使人聯想到生命和思想流動的活水邊。露絲說，湖水淺的時候，他常常這麼做，就像現在這樣。當冰雪消融，湖水高漲時，小溪裡的水常常會漫流而出。當榮格用這種方式陷入沉思時，他看起來是那麼安靜和孤獨。他從來不覺得獨處有什麼不好。

---

5　同上，〈學生時代〉，p.47。

## 1959年3月22日

我們開車去察看展銷會的預定地，展銷會不是在湖的這邊舉辦，就是在湖的那邊舉辦，兩邊用正在建造中的纜車連接。榮格想去看，我們就到處走走。他對這種事非常感興趣，對老建築和老房子也感興趣。

從展銷會的選址點，我們開車奔向希爾河谷（Sihl Vallay），和前來與我們回合的穆勒一起喝咖啡，然後經阿爾卑斯隧道回家。榮格興致勃勃地看著周圍的自然風光：樹林、小拖勒湖，和蘇黎世的各種風光。回家後，我們在花園裡散步，他觀賞著每棵樹每朵花。

我問他，是否見過詹姆斯·喬伊斯[6]，他說見過。他評價道，《尤利西斯》在那個時代是一部傑作。他特別提到一張紙從河漂到海裡的細節，這個細節他曾在他評論《尤利西斯》[7]中引用過。

喝完茶，榮格和我坐在圍牆後的前花園裡。我問了一些關於他類型理論的起源和發展的問題。後來他談到**親屬力比多**，人與人之間的自然紐帶。為了避免孤獨，找到類似的興趣和認同感，人們需要這種聯接。

---

6  【編註】詹姆斯·喬伊斯（James Joyce, 1882-1941），愛爾蘭作家和詩人，二十世紀最重要的作家之一。代表作包括短篇小說集《都柏林人》、長篇小說《一個青年藝術家的畫像》、《尤利西斯》以及《芬尼根的守靈夜》。

7  在《榮格全集·人、藝術和文學中的精神·尤利西斯：一段獨白》（*The Spirit in Man, Art and Literature*, CW Vol.15, V, 'Ulysses': A Monologue, para.186）裡，榮格引用道：「以利亞這葉小舟，揉成一團丟掉的輕飄飄的傳單，向東航行，沿著一艘艘海輪和拖網漁船的側腹駛去。它從群島般的軟木浮子當中穿行，將新瓦平街甩在後面，經過本森渡口，並擦過從布裡奇沃特運磚來的羅斯韋恩號三桅縱帆船。」（蕭乾、文潔若 譯）

## 1959年3月23日

　　榮格讓我去讀俄國巴斯特納克（Pasternak）的長篇小說《齊瓦哥醫生》（*Dr.Zhivago*）。這本書裡刻畫了一副有趣的阿尼瑪形象。「你不知道她是誰，她相當不真實，她太好了不像是真的。你會覺得哪兒有點不對勁。」晚上在書房，他對露絲說，「如果你想知道阿尼瑪是什麼，就必須要讀這本書！」《齊瓦哥醫生》裡的阿尼瑪絕對是個典型，就連巴斯特納克自己也不知道她是什麼。

　　晚飯前，榮格、露絲和我去奧桑達碼頭旁邊的小公園散步。他不久前剛剛見到一個法國教授，他非常關心拿撒勒耶穌的生活真相，也就是歷史上的耶穌。這個人清楚地知道各種不同的版本，懷疑其中的真相。榮格對他講了他與英國協會成員在印度的經歷，又把對他說的話對我們重複了一遍：他們在靠近大吉嶺的地方爬上信號山一個著名的看日落的地方。他們非常幸運，把甘城章嘉峰（Kanchenjunga）看得一清二楚，這是極為罕見的，因為高山上經常雲霧繚繞。信號山上有一堆石頭，紅色的氧化鉛使它們呈現出淡紅色，上面是伊斯蘭教徒們潑上去的酥油。紅色代表血。那裡還豎著許多高高的竹竿，「就像電線杆那麼高」，他指著路邊的一根電線杆說。竹竿上掛滿印著馬的小旗（一種非常特殊的馬，但我無法根據他的描述想像牠的樣子），因為自從

---

8　很久以前，這匹馬是被雅利安侵略者帶到印度的，在這塊有著古老而神聖傳統的地方，幾乎可以肯定地說，掛在樹上的旗子上的馬與作為獻祭的動物有關。在《奧義書》（*Upanishads*）的教誨裡，獻祭的馬具有宇宙性的意義。通過它，就能超越人類而達到一種新的境界。見《榮格全集·轉換的象徵》〈犧牲〉（CW Vol.5, Part 2, VIII, 'The sacrifice', prars.657-658）。

很久以前出現穆罕默德後，許許多多個世紀以來，這裡一直是聖地。[8] 這是個不可思議的幽谷奇觀，過了一會兒，藍紫色天空出現了絢麗的火燒般的日落。每個人都出神地凝視著這一幕驚人的畫面，英國協會的一個會員發出低聲的「噢！」——一種不由自主發出的敬畏的驚歎聲。榮格對他說，「你怎麼啦？像你這樣情不自禁地發出的驚歎聲已經被人重複過無數個世紀了，難道你不知道嗎！」那裡有許多人，劍橋的英文教授巴克（Barker）說，「那麼，榮格，你肯定知道《浮士德》裡關於日落的名句囉！」榮格當然知道，並背誦了它。[9] 他說，那是一段令人印象深刻的、極不科學的對日落的描述。就像以前那樣，長時間的散步後，我們都會坐一會。當我們坐在碼頭邊的小棚屋時，榮格又給我們重複了

---

9 歌德著：《浮士德》第一部。場景：〈城門外〉（錢春綺譯）。
　浮士德：
　　誰能從這迷惘的海中
　　抱有出頭的希望，真是幸福！
　　我們不知者，正合我們所用，
　　我們所知者，卻沒有用處。
　　可是何必用這種鬱悶的談話
　　破壞眼前這個時刻的嬌媚！
　　你瞧，在夕陽掩映之下，
　　綠裏的農家蓬蓽生輝。
　　太陽隱退了，一天就此告終，
　　她奔向彼方，開拓新的生涯。
　　啊，但願我能插翅高飛淩空，
　　永遠不停地追隨著她！
　　看我腳下靜靜的人世
　　熠熠輝映著永恆的斜陽，
　　群山發出紅光，溪穀一片安謐，
　　銀色的小溪流入金色的大江。
　　那時，藏有無數深谷的荒山，
　　不會成為我的仙遊的障礙，

歌德的這段詩句。「但是，」榮格接著對我們說，「信號山的日落卻是一個活著的神話，因為，據說被太陽點燃的山是毗濕奴的妻子，而正是神話賦予了故事和經驗的意義。這就是神話。」

他說起有個英國聖公會牧師來見他，愚蠢地說「努力獲得真理」，好像說，能夠理解才是真理，不能理解的就不是真理似的。

晚上，我們坐在書房時，他讓露絲給我看一個義大利人寫的論文裡的飛碟照片。他從一個義大利人那裡拿到這篇論文，此人一九五二年拍到了飛碟照片，結果被他所在的攝影俱樂部趕了出來，因為他們認為照片是偽造的，直到最近才被人們所接受。榮格認識一個瑞士南部的女士，她在一個觀察記錄幽浮的機構擔任秘書，她寄給了他一些報導。他給我看了其中一張照片，這是

---

而那擁有暖波的港灣的大海，
展開在我驚異的眼前。
但太陽女神好像終於退位；
新的衝動將我召喚，
我急忙追去，吸她永恆的光輝，
我的前面是白晝，背後是夜晚，
頭上是太空，腳下是一片海波。
一場好夢！女神卻忽而消逝。
唉！我們精神的翅膀真不容易
獲得一種肉體翅膀的合作。
可是，這是人人的生性，
他的感情總想高飛遠揚，
只要看到雲雀沒入青雲，
在我們上空嘹亮地歌唱；
看到蒼鷹把羽翼張開，
翱翔在高聳的樅樹頂上，
看到灰鶴越過平野，
越過大湖而飛返故鄉。

一張典型的幽浮的照片。他在照片的背面寫著：這張照片是由一個加州牧師十八歲的女兒拍下的。因而榮格繼續寫道：她把她的攝影機放在樹杈拍了一段時間，底片洗出來後才發現照片上有飛碟。顯然，她並沒有親眼看到過飛碟。

## 1959年3月24日

早上，我們開車去庫斯納赫特上面的高地，坐在太陽下喝咖啡。

回來後，榮格和我坐在前花園。我問起，歐尼斯特·瓊斯說他早年拜訪佛洛伊德時，他（榮格）在那裡曾演示了吵鬧鬼現象。[10] 他說，這純粹是胡說八道。他知道這話是佛洛伊德說的。故事的藍本是這樣的：他們第一次交談就持續了十三個小時，但在談話結束時，他對佛洛伊德感到失望。因為，他們所有的談話都局限於佛洛伊德固執地用性的術語來解釋一切。榮格一直滿心期待著見到佛洛伊德，與他交談，直到談話結束時，榮格仍然心有不甘。突然，從佛洛伊德頭上的書櫥那裡傳來一聲巨響，這種可怕的聲音就像木頭正在脹開，整個書櫥都要倒下來一樣。佛洛伊德驚恐地抬頭看，榮格問，「你怎樣看待這種事？」榮格馬上意識到，這是一種心靈狀態的體外表達，並且還會發生，儘管他不知道為什麼，但他還是對佛洛伊德說，「還會再來的，」話音剛落，巨響又發生了。佛洛伊德嚇呆了，儘管他什麼也沒事，努力裝出若無其事的樣子。這是一聲真正的巨響，而且榮格當時也

---

10　歐尼斯特·瓊斯，《西格蒙德·佛洛伊德：生平與作品》〈神秘主義〉（Vol. III, Chapter XIV, 'Occultism', p.411）。

對他說了，這是非常有意義的。他們檢查了書櫥，看不出什麼異常。榮格經歷過類似的事情，他把它們稱為體外效應，並把這種具有**外化作用**的靈異事件單獨列為通靈學中的一項。這種外化作用就像情結會投射到外在物件身上一樣。爆裂聲對佛洛伊德的影響是非比尋常的，但他從來沒有試圖去解釋它們。「在測字聯想實驗中」榮格說，「如果我從來不問為什麼，我就永遠不會發現情結。但佛洛伊德卻把這些東西擱置一邊。現在弗萊堡成立了超心理學學院，連主管都來向我諮詢。」同樣的事也發生在尤金・布雷勒身上。當榮格向他提起超心理學現象時，他說這都是胡說八道，但二十年以後，他卻成了一個靈性論者，並有了許多這方面的經驗。榮格把書櫥發出的聲響描述為非因果關係的**共時性事件**，它無法解釋，但確實發生了。這給了他一種古怪的感覺：「當心！──或許我們之間有裂痕。」

我們繼續談論夢，我提到自己對做夢的看法，以及我要寫的主要臨床材料，他認為這個寫作計畫非常好。說起夢，他說，我們必須始終追問「這是誰的夢？」夢永遠是一種個人的東西，我們不能一概而論。我們已經有了一些指導思想，但還沒有形成定律。對佛洛伊德來說，所有的夢都是願望的滿足，他把夢看作是對我們睡眠的保護，而榮格則認為，大部分的夢破壞了我們的睡眠。

他聊了一會兒勞夫。他以前的家就在萊茵瀑布的上面。到喝茶時間，尼修斯女士來了，問起我的書。我告訴她，榮格說他自己已經寫了不少自傳了（我想起一、兩年前，他曾說過，寫他的生平不容易，或許正是這個原因促使他自己去寫）。她說，嘉芙女士打算出版榮格已寫好的部分。我給她看了我的前言。她說，

我的角度與嘉芙女士非常不同，並催促我繼續寫下去。她說，我的作品更有男子漢氣概，即使還有人準備寫榮格的傳記，也不會妨礙我繼續寫下去。榮格已經看過前面的部分，他也認為寫得很好，角度正確。

# 15.　　　　　　　　　1959年秋

## 1959年9月14日，波林根

　　早飯後與榮格交談。他談到水瓶座以及赫魯雪夫訪美的意義。他認為，赫魯雪夫因為中國而寢食難安，蘇聯有兩億人口，夾在東西方之間，而中國有六億人口。中國並非對他言聽計從，他把中國視作威脅。

　　榮格對蘇聯撞擊月球非常感興趣，把我們帶來的英文報紙的每個細節都讀了一遍。他後來提到，一份瑞士報紙說，蘇聯撞擊月球的事實無法證實——所謂撞擊月球可能是探測器在那一刻的資訊中斷了。他認為，不可能跟蹤到導彈的全部過程。

## 1959年9月15日

　　榮格說起歐尼斯特‧瓊斯以及他寫的佛洛伊德撰傳記中的錯誤。他說，瓊斯始終都只是個佛洛伊德的追隨者，他沒有增加過任何原創性思想。當瓊斯寫佛洛伊德這本書時，他從來沒有就榮格與佛洛伊德早期一起工作的任何事問過榮格。隨著佛洛伊德和費倫茨（Ferenczi）的去世，榮格成了唯一可以給他提供準確資訊的人，瓊斯本來是很容易做到這一點的。現在瓊斯不在了，他的這本書裡留下了大量的謬誤。

　　晚餐時，談到他孫女的婚宴後的婚禮蛋糕，他說，「你瞧，古風猶存。」婚禮蛋糕是個曼陀羅。因為那天晚上，新娘和新郎是一對高貴的夫妻，是國王和皇后，要主持整場宴會。這是個象

徵，它屬於生活。

## 1959年9月16日

榮格說，他喜歡早餐時慢慢享用咖啡——然後從容不迫地開始一天的生活。「omnis festination a parte diabolic est」，他引用了一段拉丁文：「只有魔鬼匆匆忙忙。」這是一句古老的煉金術格言。

我又問起塔樓那邊的石頭上刻著的墨丘利面孔。他說，「當我寫到共時性中的統計學部分時，我的文思被可怕地堵塞了。接著，我看到石頭裡有一張臉，就扔下手稿，拿起工具鑿了起來。它就是淘氣的墨丘利。」他繼續說，「煉金術士們都熟悉這種一籌莫展，當提到墨丘利時，常把他當成淘氣鬼。」

## 1959年9月18日

我問榮格，佛洛伊德怎麼會認為他是個反猶主義者呢？他說，他對佛洛伊德說話就像對朋友一樣隨意，佛洛伊德看不起他在維也納的猶太同事。當榮格第一次去維也納時，他親身感受到，佛洛伊德那個圈子裡的人毫無魅力可言。那時候，瑞士的猶太人還很少，也沒有反猶主義者，他從來就不是一個反猶者。

他感到，佛洛伊德只採納了其中的一個本能或驅動力，就想用這些術語來解釋一切。後來他認為性的概念太狹窄了，還存在著其他許多強烈的欲望，例如說，吃東西就很重要。

榮格所說的力比多概念指的是精神能量。為了對事實做出更好的解釋，他讓佛洛伊德拓展他的概念。能量概念（不是理論）是非常寬泛的：在許多方面，能量比性更為明顯，因而，就像能

量在物理學中的使用一樣，比佛洛伊德所認為的更加寬泛。類型學描述的就是能量的特殊表現。

柏格森所使用的術語，**生命力**，也還是太狹隘了。**活力**是什麼呢？榮格說，它不過就是能量而已，為什麼不把它就叫做能量呢？柏格森把這個術語作為精神能量的特例來使用。不過，能量這個術語本身也不是絕對精確的，我們不知道能量是什麼，它是一種抽象的概念。他自己的精神能量概念只是個概念，而不是理論。

能量是不可逆轉的，是向量，能量的目標就是沒有能量，即**熵**。橡樹的目標就是成為一棵橡樹，它只能向著一個方向，從下往上生長。

## 1959年9月19日

我們離開波林根，又住在施梅里孔的百德酒店。

## 1959年9月23日

榮格和露絲來百德酒店吃晚飯。他說，他想起了塞弗（Seif）。當佛洛伊德不省人事的時候，他就在慕尼黑（塞弗自己也告訴過我）。我問是否真的像歐尼斯特·瓊斯說的那樣，塞弗站在榮格一邊。[1] 榮格說，根本沒有這回事，塞弗站在阿德勒一邊。（我在倫敦阿德勒學派大會上見到過塞弗。）

---

1　歐尼斯特·瓊斯著《西格蒙德·佛洛伊德：生平與作品》〈國際精神分析協會〉（Vol. II, Chapter III, 'The International Psycho-Analytical Association', p.97）（Hogarth Press 1957）。

## 1959年9月26日

波林根。喝過下午茶後，坐在院子裡聊天。

我問到，基督教對歐洲非基督教徒，比如說，對猶太人的影響。他曾在《艾翁》裡提到過基督教傳統不可避免[2]地對人們產生的影響。他說，這種影響在猶太人那裡，可以說是一種平行影響，因為在卡巴拉（Cabbla）中提到過類似的東西，在某種程度上，猶太人就生活在基督教傳統中。

不過，當然了，也不是到處都流行基督教，基督教也有各種各樣的基督徒。聖保羅的老師，甘梅利爾（Gamaliel）就是一個著名的卡巴拉主義者。他還說道，基督教的第一個千年（或一千多年）是相當和諧的，基督教也對各種各樣的基督徒或團體都能夠相容並包。接下來，約在西元1100年時，出現了許多派別。這是一個知識（即，精神）的橫向和縱向傳播時期。他說，他曾在《艾翁》中提到過，雙魚座（他在發pises的音時，「c」的發音很重，成了piskes）就像這樣：這個星座用一條垂直的魚和一條水平的魚來表示，兩條魚朝向相反的方向。[3] 正如近兩千年前，由阿拉伯[4]占星術士們所預言的那樣，現在我們正在進入雙魚座世紀的末

---

2　《榮格全集·艾翁：自性現象的研究》（CW Vol.9, Part II, para.283）：「我試圖……表明，經過許多個世紀，基督形象已經融合進了心靈的母體。假如在救世主形象與確定的無意識內容之間不存在……一種親密關係的話，那麼，人類心靈將永遠不會感受到基督的光輝，並被其牢牢地吸引。在這裡，將兩者連接起來的是上帝—人的原型。一方面，這種原型通過基督形象已經成為歷史現實，另一方面，它成為了一種無時無刻的存在，通過總體的超越性，即自性，統治著人的靈魂。就像左西莫斯（Zosimos）幻象中的神父那樣：上帝—人不僅是『心靈的主宰者』，同時，它也『主宰著（邪惡）的心靈』——這正是基督教中Kyrios（主）的基本含義。」

期。前基督教時期是白羊座時代。

我問起《艾翁》[5] 扉頁上的那幅畫，他說，這幅畫就代表著**艾翁**，即，紀元。它是密特拉教的神，我們對這類畫並不陌生。在密特拉教的寺廟中，神就是這樣的。蛇代表著永無盡頭時間。而阿爾勒（Arles）明信片上的艾翁是另一種樣子，這個**艾翁**是沒有頭的，與十二星座在一起。他說，實際上我們並沒有文字記錄的密特拉教歷史。

我問起心理學的未來。對此，他無法做出預言，但可以想像，它拓展至生物化學和生理學領域。也有可能，我們辛辛苦苦獲得的心理學知識，以及心靈及類似的知識將會被埋葬五百年，就像鳳凰涅槃一樣。

榮格正在讀一本神學雜誌上批評他的文章，我想，這應該是捷克斯洛伐克的一本雜誌。他接著說道，神學家們似乎看不懂他在說什麼，其實非常簡單。他們責怪他闖進了神學，就好像神學是他們的私人領地一樣，在那個領域，只有他們擁有專門的知識。但我們誰都不具備這種絕對的知識。他們要「真實」的東西，就像人們嘲笑神話說的東西不真實一樣。他對建立絕對的真理不感興趣，他的興趣在於觀察事實。而神話學之所以有趣，就

---

3　同上（Para.147）：「……魚所獲得的極性，或許是由於（當時）天文星座的實際狀況造成的：第一條魚（北邊的）呈垂直方向，第二條魚（南邊的）呈水平方向。兩條魚幾乎呈直角移向對方，因而形成了十字架。在基督教時代，非常強調這種反向運動，而我們對大多數最古老的起源都不清楚……」。

4　阿爾布馬紮（Albumasar,805-885）。阿拉伯占星家和天文學家，其主要作品於十五世紀末、十六世紀初在奧格斯堡和威尼斯出版。在《艾翁》的〈魚的象徵〉和〈占卜者預言〉章節中，榮格引用了他的作品。

5　這張照片上的羅馬塑像，是第二或第三世紀的密特拉神的艾翁，收藏於羅馬梵蒂岡博物館。該神代表著創造與時間的性質。

在於**神話不斷地被人重複**，這是事實，並且非常重要。討論神話是否真實，純屬浪費時間。他不認為神話是癡人說夢。神話常常包含著「一語中的」的事實知識，因而不斷被人重複講述，不斷更新形式。這類事情是重要的，因為它們就是事實。我們可以擁有關於上帝的觀念，但我們無法回答這些觀念是「真實」與否，或是否絕對。他說，因為他說了些「反基督徒」或「反神學」，諸如駁斥**善的缺乏**[6]的話，而不斷受到批評。

我問起**分裂的力比多**，他指的是能量力的雙重性導致的不可避免的分裂。至於能量是向內流動還是向外流動，只不過是能量的不同表現而已。而能量是向量，朝著一個方向流動，它的本性如此——它依靠這種流動做功，或你看到了做功的結果。

我問起他房子的象徵，尤其是他夢中出現[7]的中世紀房子。「喔，」他說，「在夢裡，我們把房子視為我們的殼，我們就住在這個殼裡。」因而，夢見中世紀的房子就意味著他就住在裡面，就站在這幢美麗的十八世紀的房子二樓。可能他的家人也住在這裡，只不過沒有看到。後來，當他反思這個夢時，這間房子

---

6　羅馬天主教「善的缺乏」教義最初是由奧金利（Origen, 185-254）提出的。他把上帝定義為至善，他所描述的惡，是隨著善的缺乏而出現的。這個教義在最初的幾個世紀裡，逐漸得到確立，奧古斯丁（Augustine）則將它發展到頂峰。榮格通過經驗觀察認為，善與惡是大小相等，方向相反的，他反對「善的缺乏」這個教義。在《榮格全集‧艾翁》第五章〈基督：自性的象徵〉以及〈結論〉（CW Vol. 9, Part II, Chapter V, prars. 74-80, 89ff, and paras. 426-428）中，榮格詳盡地描述了這個問題。在《記憶、夢和反思》第十二章〈後期思想〉（Chapter XII, p.303-307），他概述了這種觀點。在與維克多‧懷特（Father Victor White）的通信裡，尤其是他1949年12月31日寫的信（見《榮格：書信集》Vol. I）裡，多處間接地提到過這個主題。

7　見1952年1月16日的談話和備註。

使他聯想到他舅舅在巴塞爾的那座很舊的房子，這幢房子建在鎮子的老護城河邊，有兩個地下室，最下面的那個非常陰暗，像個洞穴。[8]

在夢裡，他想知道下面是什麼，便走下了台階。快要到底的時候，出現了一間古老的羅馬建築，房間的石板地面與波林根的一樣。其中一塊石頭上有個環，他提起環想繼續往下走，當他提起石板時，燈亮了，他看到下面的骨頭、骷髏和舊陶瓷，都非常古老。

在他看來，重要的是不同年代的地層。這就是他如何最終獲得集體無意識概念的。

他說，他的夢裡經常出現房子。因而在他開始從事煉金術研究前，他夢見了一幢帶有兩間廂房的房子，這兩間廂房對他來說是很新鮮的，他一直不知道這裡有兩間廂房。[9] 他把這個夢解讀為，在他自己的心理學研究中，還存在著他尚不瞭解的東西。這個夢反覆地出現，意味著它在強烈地喚起他的注意。在這幢房子他父親的房間裡，有許多裝在玻璃器皿中的動物標本，榮格早年對動物學特別感興趣。他母親的房間是由一些籠子組成的，看上去就像是為鬼（即，大腦裡一閃而過的念頭）準備的鳥籠。書房裡有一些奇妙的古籍，大部分是引人入勝的手稿和古卷本。這些書也讓他聯想到巴塞爾的老房子，他從那裡拿過許多書——其中一本是漂亮的辭典，現在還在波林根的家裡。這個夢預兆著他將會沉湎於煉金術。他經常夢見附帶著其他房間的房子，這意味著

---

8　見1961年1月16日的談話和備註。
9　見《記憶、夢和反思》第七章〈著作〉（Chapter VII, p.194）。

還有許多尚待他發現的東西，它們一直在「他的房間」等待他去發現。

# 16.　　　　　　　　　　　1961年冬

## 1961年1月12日 | 庫斯納赫特

　　到達庫斯納赫特。晚飯前與榮格交談。說起他的童年，他提到早年的一次經歷：他看到一個穿著黑色長袍的身影向他走來。他驚恐地意識到，這個身影不是個女人，而是個男人，是一個耶穌會牧師。[1] 他說，他父親對耶穌會的問題很著迷，經常與他的朋友們談起它。他們以為榮格對此事並不感興趣，但他卻聽得非常認真。當他看到這個身影走過來，並意識到這是個男人時，他非常不安，因為他原先認為這是一個女人。1840年代，瑞士爆發過一次局部戰爭。歸屬羅馬天主教的州與其他地區發生了衝突，他們拉開了戰場，甚至動用了人炮。耶穌會士被認為是懷有政治企圖的、動亂的幕後策劃者。戰後，他們被禁止在瑞士穿教服或群居，諸如組建社團或建造修道院等等。自那以後，法律也做了相應修改。今天，有個耶穌會神父佩特‧魯丁（Pater Rudin）前來拜訪榮格，他是蘇黎世耶穌會學院的負責人。榮格說，這個機構是為羅馬天主教護教院（Apologetic Institute，編按：直譯意為「道歉院」）工作的，離一個社區非常近。

　　晚飯時，露絲說，使用「道歉（Apologetic）」一詞很奇怪，好像羅馬天主教在集體道歉一樣。榮格說，在德文裡，這個詞的

---

1　見1959年3月21日的對話，參見備註3。

意思是「**禮貌地解釋**」，根本沒有道歉的意思，「道歉」是英文說法，被人普遍地濫用了。

他說，佩特·魯丁是一個嚴肅的人，在對待某些問題時，他可能會持一種獨立見解。比如說，對待「**善的缺乏**」就是如此。「善的缺乏」是個愚蠢的觀念，意思是，通過思考就能改變行為的性質。比方說，邪惡的謀殺！可是，人已經死了，說得再多也無法改變這個事實。教會只不過對同樣的事情提供了不同的說法而已。有些事，比如謀殺，就是邪惡的，再怎麼說還是邪惡的。英國法律把自我謀殺（自殺）定為犯罪是明智的，因為自殺往往是謀殺的替代。

接著，談到《榮格抄本》[2]，他說，這事已討論過一段時間了。他喜歡諾斯替教，不過認為最好還是不要收藏這個抄本——「我該拿它怎麼辦呢？它太有價值，不得不放在銀行保險櫃裡。」因此他把它交給了埃及政府，他們感激不已。榮格對基督教出現之前的諾斯替教有著極大的興趣，因為根據早期的諾斯替教提供的跡象，說明它們已經認識到集體無意識的存在了。

## 1961年1月13日

早上，我們（榮格、露絲·貝利和我，穆勒開車）到上庫斯納赫特和邁倫看雪。田野銀裝素裹，但樹上的雪已經融化了。我們下車散步，天氣相當寒冷。

後來，下午的時候，我和尼修斯女士一起喝茶。她提出了一個有趣的觀點：隨著她父親變老，他的書越來越難讀了。因為，

---

2　參見〈1955年夏〉的備註3。

他總是根據他的年齡來寫作，也就是說，他的思想一直在發展，更年輕的人有時候會發現，很難理解他在說什麼。她的這番評論讓我想到，有人批評榮格的作品晦澀難懂。其實他的作品未必晦澀，而是他的思想在不斷發展，他以不同的眼光看待問題，是從一個老人的角度來寫作的。今天早晨我們外出時，他對年輕一代另有一番高見：他們與老年人的不同之處在於，當父母去世後，他們自己就處於時代的前列了，因為這時候，他們前面已經沒有人了。

昨晚和今晚，我們坐在都在書房。我問起榮格刻在房門上的題詞：「vocatus atque non vocatus deus aderit」──這句格言是伊拉斯謨（Erasmus）用拉丁文翻譯過來的德爾菲神諭中的一句話。榮格找出一本小書拿給我看。這是一本羊皮紙包著的，約六英吋乘以三英吋的厚厚的小書。書脊上寫著：「Erasmi RAdagiorum EPITOME 1563」。裡面是密密麻麻的印刷體。作者的生卒年是1466年到1536年，因此這本《摘要》是在他死後出版的。這本小書的第四百三十二頁上寫著：「vocatus atque non vocatus deus aderit:oraculum olim lacedaemoniis,redittum,abiit,in proverbium」。接下去是榮格用拜占庭草書為我謄寫的幾行希臘文。

夜晚其餘的時候，我們都坐在房間裡：榮格翹著腳看書、玩紙牌，露絲在長沙發上讀我的手稿，我的椅子緊挨著書桌（就像之前拜訪時那樣），在黯淡的燈光下寫作、讀書。

## 1961年1月14日

早飯時，榮格說起佛洛伊德。他想起他對佛洛伊德曾說過的

話：「精神分析及其原則是非常有利於患者的，但對分析師並不十分有利。」佛洛伊德的回答令他吃驚，「當然不是，完全不是這樣的。」他說，佛洛伊德脫下白大褂，回到家裡後，就可以把（精神）分析全都拋到九霄雲外。他說在佛洛伊德體系中，佔據主要地位的是戀母情結，但這種心理不適用於女性——佛洛伊德對伊底帕斯情結陷得太深了。榮格曾建議他從女性的角度來理解一些心理問題，並提到伊俄卡斯忒。[3]

後來，我又問起伊拉斯謨的書來，並提到古代斯巴達人的引文。「喔，是的」，他說：「斯巴達人準備攻打雅典娜，為戰事結果去求德爾菲神諭。」他說，書脊上的話是錯誤的。他對這句拉丁文（引文見上）解釋道：「斯巴達人得到的神諭已成了一句格言：『不管你求不求上帝，上帝都會出現。』」人們可以預測未來，但不能強求未來，對於未來將要發生的事，不管我們願不願意看到，都是不可避免的命運，比如衰老或者死亡。他提到開戰前，還有一個類似於《舊約》中的、古斯巴達人尋求神諭的故事：開戰前，也有人詢問過上帝。上帝警告道，他有他的憤怒。我想，這正是《何西亞書》中所提到的：上帝把義人塞進他的椅子下，開始殺目擊者們。

我們談起榮譽公民（Ehrenbürger）儀式[4]，這讓他感到非常高興。他在委員會裡有投票權。他們頒發給他的證書就懸掛在客廳。榮格說，「Ehrenbürgerrecht」這種稱呼是對的；而且，證書裡的「C‧G‧JUNG」是燙金的，「Bürgerrecht」（公民）也是

---

3　在希臘傳說中，伊俄卡斯忒是拉伊俄斯的妻子，伊底帕斯的母親（也是他後來的妻子）。

4　榮格接受庫斯納赫特村自由獎的授獎儀式。

燙金的。

　　現在，我坐在書房的長沙發上，榮格坐在我右邊的椅子上讀我的手稿，用鉛筆做著眉批和一些修改。

## 1961年1月15日

　　上午十點，榮格、露絲和我開車離開西斯特拉斯。進入蘇黎世後，我們又繼續開往巴登（Baden）一座可愛的老鎮（非常工業化），然後去邁林根（Meiringen）；然後經過伯倫加登（Bremgarten），最後達到阿爾卑斯隧道。有許多人在從事冬季運動，這是一塊很大的地方，有著很好的坡度、長長的跑道，以及滑雪纜車和年輕人喜愛的平底雪橇。天氣非常寒冷。這裡雖然只有兩千五百英呎高，但與下面截然不同。我們從那裡返回蘇黎世，又繼續前往庫斯納克特，正趕上吃午飯。

　　午飯後，其他人都在午睡，我去了斯特蘭德巴德碼頭。

　　喝完茶後，我又坐在書房的長沙發上，榮格差不多就坐在我前面的椅子上讀我的手稿，在我的一些筆記上寫下眉批。要記錄下他全部的談話內容是非常困難的，但我已經盡力了。

　　晚飯後，露絲繼續閱讀與她手頭工作有關的東西，我坐在書房的書桌旁一直在讀赫伯特·里德（Herbert Read）的書：《未知事物的形式》（*The Forms of Things Unknown*）。榮格從頭到尾讀過這本書，一個章節一個章節地讀，希望從中找出他想引用的裡德思想，但一個也沒找到，只好繼續引用別人的話。

## 1961年1月16日

　　榮格說，倫敦塔是他去倫敦時參觀的第一個地方。我問起那

裡的烏鴉，但他記不起來了。

　　勞倫斯·範·德·普斯特來吃午飯。榮格說到他最近去過的南非和非洲其他地方。他說荷蘭教堂是非基督教的，他回憶到，在他還是個孩子的時候，看到他母親在一個荷蘭歸正會教堂，從一個黑人神父手裡接過聖餐，在那個教堂裡，大家把杯子一個一個傳下去。她親手從左邊的一個有色人種那裡接過杯子，傳給右邊的另一個有色人種。而這一切現在都已成為了過去。他說起左拉（Zulu）的道別語：「您，慢些兒走。」[5]

　　晚上，五點半到六點之間，和榮格在書房待著，他讀著我的手稿……他母親在巴塞爾的房子：她沒在那裡出生，但在那裡度過了童年。這幢房子是巴塞爾天主教祭司的，去年他們在修繕房子時，挖開地面後，發現它是建在羅馬遺址上的，下面有個地下室，就像他夢見的那幢中世紀房子。[6] 這極大地勾起了他的興趣——不管怎麼說，房子就在他家。這幢老房子的圖片曾印在《巴塞爾報》上，後來，榮格又把它收錄在自己的書《飛碟》[7] 裡。

　　露絲給我看了一張榮格今天在「藍房子」外面陽台上拍的照片，她剛剛問他，我能把它用在我書的首頁（我曾告訴她我想這

---

5　勞倫斯·凡·德·普斯特爵士在這段對話處補充道：「我告訴他們，左拉在彼此道別時，使用的文學性語言，翻譯出來的意思就是『您，慢些兒走！』而不是習慣性的『一路平安』。左拉這麼說是因為他相信，所有的魔鬼都來自匆忙之中，如果人能慢慢地度過一生，全部好運都會伴隨著他。」

6　見1952年1月16日的談話，備註7。

7　榮格著：《飛碟：天空中的現代神話》（*Flying Saucer: A Modern Myth of Things Seen in the Skies*, p.128），《巴塞爾日報》（Basle Broadsheet ,1566，Figure I）。所提及的房子是圖上右側的。
　　也參見《榮格全集·轉換時期的文明·飛碟》（CW Vol.10, V）；《巴塞爾日報》第五版轉載。

麼做）上，榮格同意了。她會去加印一張，讓榮格在上面簽好字寄給我。

到了晚上，露絲從報紙上讀到一篇關於一個布里斯托爾男人的報導：這人騎著摩托車撞到牆上，人被整個拋了起來，落到一匹拴著的馬背上，然後在穿越田野的半路上摔了下來，但毫髮無損。榮格對此很感興趣。

## 1961年1月17日

榮格已經讀完了我的書。他說，這本書讀起來流暢，他高度讚揚它，令人感到滿意。

午飯時，榮格說起今天早上剛剛來看他的醫生朋友對他講的一個非同尋常的故事。他告訴榮格，他有一輛「神經兮兮」（搞怪）的車。車是他的，當他妻子開的時候發生了一系列不可思議的車禍，他最後決定把它賣給汽車修理廠。這輛車在最後一次事故中被撞得稀巴爛，汽修廠老闆把它修好，然而老闆居然在駕駛該輛車時被撞死了！以前，這對夫婦發生過一系列的車禍。比如說，正當他們沿著寬敞的路面開車時，既沒有下雨也沒有結冰，車子會突然在極為安全的路面上打起滑來。它先是向左滑，接著滑向右邊，撞向的路燈柱。跟在他們後面的一輛車子停了下來，問他們究竟發生了什麼事，因為事故發生得毫無道理，醫生和妻子都無法對此做出解釋。在到達阿爾卑斯山路之前又發生了同樣的事。這次還是他妻子開車，他們跟在幾輛軍用卡車的後面，與前面的車保持著足夠的車距。過了一會兒，前面的卡車停了下來。醫生對她妻子大喊，趕緊左轉！——她剛好避開大卡車，差一點點就要撞到路邊墜毀。榮格說，問題出在他妻子身上，她的

阿尼姆斯對她的丈夫產生了負面影響，他唯一的安全線（榮格原話）不起作用了。我認為，這個故事與佛洛伊德和榮格談話時書櫥發出異響的故事非常相似。「是的，」他說，「你說的太對了。」

　　下午一點二十分，離開西斯特拉斯；兩點五十分，我在機場終點站乘上了一輛去克洛藤（Kloten）的班車。車次很多，可以乘任何一輛車到克洛藤候機，就像我現在這樣。

........................................................................................

　　這本完成於蘇黎世機場的筆記到此就全部結束了。1961年1月的這六天，也成為我丈夫與榮格共同度過的最後歲月。幾個月後，6月6日，榮格去世。

——F. E. B.

# Acknowledge

References to the following works in the notes which accompany the text are reprinted here by kind permission of Routledge & Kegan Paul, London, and Princeton University Press, U.S.A.: *The Collected Works of C. G. Jung*, edited by Sir Herbert Read, Michael Fordham and Gerhard Adler; translated by R. F. C. Hull. (Copyright Routledge & Kegan Paul, London, and Princeton University Press, U.S.A., Bollingen Series XX). (The abbreviation *CW* has been used to indicate *Collected Works*). *C. G. Jung: Letters*, edited by Gerhard Adler in collaboration with Aniela Jaffé, translated by R. F. C. Hull; Vol. I: *1906–1950*, and Vol. II: *1951–1961*. (Copyright Routledge & Kegan Paul, London, and Princeton University Press, U.S.A., Bollingen Series XCV).

Permission from William Collins and Routledge & Kegan Paul, London, and from Pantheon Books U.S.A., is acknowledged in quoting from *Memories, Dreams, Reflections,* by C. G. Jung, recorded and edited by Aniela Jaffé, translated by Richard and Clara Winston (Copyright Random House, Inc., 1961).

Quotations from *C. G. Jung: His Myth in Our Time*, by Marie-Louise von Franz, are included by courtesy of the author, and of the C. G. Foundation for Analytical Psychology, New York. (Copyright by the C. G. Jung Foundation for Analytical Psychology, 1975, New York).

Acknowledgment is made also to Miss Barbara Hannah for permission to quote from her biographical memoir, *Jung: His Life and Work*, published by G. P. Putnam's Sons, New York, 1976, and to the copyright owners of quotations which are not listed above.

# 翻譯後記

李毓

　　從芭達雅到曼谷，再從曼谷到清邁，在泰國漂泊一年半之後，2017年，在泰國的宋幹節（潑水節）即將到來之際，我和一梁終於在泰國清邁有了自己的房子，自己的家。

　　欣聞我們喬遷新居，又有從事榮格翻譯的計畫，我們的摯友，成都的羅小剛先生慷慨地打來一筆款項，祝福我們開始全新的安定生活，並作為讓我們安心翻譯的資助。我與羅小剛是網路認識的朋友，堪稱萍水相逢，如此深情厚誼，令一梁和我不勝涕零。如果把榮格翻譯工程比作一梁的孩子的話，這個孩子一梁已經懷胎幾十年，而羅小剛和我，則是他的助產婦。

　　羅先生一再表示：「非常榮幸，不是以旁觀者，而是以參與者的角色涉入到這個有意義的活動中來。」

　　接著，購置新電腦，購買《榮格全集》等電子書籍，榮格翻譯就這樣起步了。

　　2016年4月，在菲律賓第七屆國際文化節上，應傾向出版社貝嶺之邀，我們完成了哈威爾《總統生涯回憶錄》的翻譯。任何一本書的翻譯，一梁都要查閱大量資料，在翻譯和查閱過程中，我對東歐歷史產生了濃厚興趣，我的意見是趁餘興未減，繼續翻譯哈威爾作品，因為熟悉了一個人的語言方式，並瞭解他的歷史背景，翻譯起來容易得多也有趣得多。但一梁卻執意要翻譯榮格。

我是認識一梁之後才知道榮格，這位瑞士著名的心理學家的。一梁卻是榮格的忠實信徒，從年輕時起，就著迷於榮格思想，平時生活中遇到很平常的巧合，甚至一些不算巧合的巧合，他必大驚小怪地脫口而出：「Synchronicity！」

　　他選擇的第一本書是一個號稱榮格心靈工程師的作品。他以為，作者是美國心理學家，而且是當時的暢銷書，翻譯起來會容易有趣。但是，翻譯了三萬字還味同嚼蠟。調門老高，內容空洞，毫無趣味可言，更談不上對榮格思想的詮釋。翻譯成了每天的苦差事，一梁斷然決定，放棄此書，不再在周邊打轉，直接從榮格最經典，同時也是最難的《共時性原理》「直擊」榮格。

　　一梁的翻譯在我看來有些「小貓釣魚」的感覺，例如在翻譯《共時性原理》的時候，假如遇到啃不動的骨頭，就會四處查找輔助材料來讀，讀著讀著，如果感覺更有趣味，索性就放下手頭的譯本，開始去翻譯另一本書。因此，從《共時性原理》開始，就像一棵樹幹一樣，橫生出《泡利榮格書信集》、《泡利的夢》、《X小姐的曼陀羅》、《孩子們的夢》等許多枝幹，自然也包括本書——貝納特的《遇見榮格》，以及後來嘉芙的《榮格的最後歲月》和《通向原型的死亡夢》等。

　　對我來說，《遇見榮格》這本書首先是好看，不像榮格作品那麼學術性強，它完全是一本日記，記錄了貝納特與榮格跨度十五年的會面情景：「這裡所記錄下來的貝納特—榮格談話錄，不僅澄清了許多心理概念和思想，還見證了兩個人三十年來感人的友誼，以及他們對人類福祉共同的深切關注。」（見《遇見榮格》）

　　其次是好譯，因為貝納特是英國作家，記錄的又大多是日常

場景和談話，敘事性語言比起艱深難懂的思想來，容易多了。而貝納特從一個心理醫生的角度對榮格思想的詮釋，也是幫助我們理解、研究榮格的一把鑰匙。

儘管這本書相對簡單，但一梁對每一句翻譯的要求仍然十分嚴格：「凡是聽不懂的，肯定是意思沒有吃透。」在合作翻譯過程中，我的基本角色是打字員，也是他的第一讀者，還是他產品的第一道品質把關人。我每天緊跟他的進度，深入作品的內在思想，如果我都聽不懂，大多數的普通讀者怎麼可能懂呢？

工作中，兩個人常常為一個詞吵得不可開交，我甚至以罷工相威脅。他譏笑我是「文藝女青年」，喜歡華麗的辭藻和文學性表述，而他則堅持使用最樸素的詞語，不能「以文害意」。也就是說，不能用過於文學性的表述遮蔽、傷害或模糊內容本身所要傳遞的真實、精確和深刻思想，他甚至反對我過多地使用成語。因為中國的成語固然精煉，但由於概括性強，在表達思想時，常常會起到負面效果。他說：「所謂大師，就是用最淺顯的話講出最深奧的問題。」想來也是，流傳幾百年的膾炙人口的經典詩詞，哪個不是大白話？

第一稿我們只用了不到兩個月，備註和校對前後卻幾乎用了兩倍的時間。2017年底，我回中國一趟，順便帶著幾本書的書稿見了上海一個出版社的副社長。副社長把書稿拿在手裡翻看了幾頁，似乎表示出興趣。這位副社長知道一梁，說起一梁的時候，他不自然地提出到樓下的咖啡廳坐坐。社長、陳江（牽線人）、我，還有一位跟我同姓的女孩圍著一張咖啡台坐下。副社長介紹說，女孩也是榮格迷，如果出版計畫實施，她將是我們的責任編輯。談話雖短，但一個系列的出版計畫似乎就要呼之欲出了。

我懷著不辱使命的自豪回到清邁靜等消息。三月份，卻接到消息說，大陸對海外思想類作品做了進一步的限制，原訂的出版計畫取消了。「翻譯榮格本來就是出於我的個人喜愛，也為了保持一種健康的生活方式，出版與否對我來說並不重要，」他安慰我。

　　雖然有所期待，但對這個結果，似乎我也有心理準備，在當時的談話中，我已經感覺出，一梁的名字在大陸仍然屬於敏感符號，而大陸出版界正經歷著前所未有的寒冬。副社長說，現在，全國出版界都如履薄冰，比如說，某出版社剛剛出版的《余英時文集》，只因「上面」某位領導一句話，全國書店已經上架的新書，馬上全面下架。沒有人敢提出異議，因為只要拿作者的政治立場做文章，每個人都明哲保身地抱著多一事不如少一事的謹慎。「並且，一旦這麼操作，其他出版社也馬上把該作家設為雷區，再也不敢觸碰，那麼等於該作者從此在國內被判了死刑。」

　　是的，我當時所抱有的僥倖是因為榮格幾乎不涉及政治，並且國內近幾年也在陸續出版；假如是因為一梁的名字，同名同姓的現象不是沒有，況且還可以有商量餘地……在中國大陸，很多事情是沒有道理可講的。我們都坦然接受這個結果，絲毫沒有影響我們翻譯的熱情和興致。

　　然後又幾經輾轉，終於遇到台灣的心靈工坊出版社，最終成就了這本書的面世。

　　雖然，該譯本的分量並不是很重，甚至不是榮格自己的作品，在我們已經翻譯的譯本中，其思想也不算最深刻，但它畢竟是我們第一本榮格系列譯本，它所經歷的挫敗與曲折對我們自己來說，也是非常有意義的。

再次感謝羅小剛先生的慷慨資助；感謝秀萍為我們引薦松崗先生，最終與心靈工坊結緣；感謝心靈工坊所有同仁的青眼；感謝榮格社群所有朋友的殷殷期待；感謝所有可能會喜歡本書的榮格專家或潛在讀者。一個孩子如果是在眾人的期待與簇擁中降生，那麼他註定是幸福的。

寫於2019年10月13日，泰國清邁

# 延伸閱讀

- 《榮格論自我與無意識》（2019），卡爾 榮格（Carl G. Jung），商周。
- 《榮格論心理類型》（2017），卡爾・榮格（C. G. Jung），商周。
- 《紅書：讀者版》（2016），卡爾・榮格（C. G. Jung），心靈工坊。
- 《榮格自傳：回憶・夢・省思》（2014），卡爾・榮格（C. G. Jung），張老師文化。
- 《人及其象徵：榮格思想精華》（2013），卡爾・榮格（Carl G. Jung），立緒。
- 《黃金之花的祕密：道教內丹學引論》（2002），榮格（C. G. Jung），商鼎。

＊ ＊ ＊ ＊ ＊ ＊ ＊

- 《夢與幽冥世界：神話、意象、靈魂》（2019），詹姆斯・希爾曼（James Hillman），心靈工坊。
- 《永恆少年：從榮格觀點探討拒絕長大》（2018），瑪麗-路薏絲・馮・法蘭茲（Marie-Louise von Franz），心靈工坊。
- 《受傷的醫者：心理治療開拓者的生命故事》（2014），林克明，心靈工坊。
- 《給追求靈魂的現代人：湯瑪士・克許談榮格分析心理學》

（2013），湯瑪士・克許（Thomas B. Kirsch），心靈工坊。

- 《榮格人格類型》（2012），達瑞爾・夏普（Daryl Sharp），心靈工坊。

- 《共時性：自然與心靈合一的宇宙》（2012），約瑟夫・坎伯瑞博士（Dr. Cambray），心靈工坊。

- 《榮格心理治療》（2011），瑪麗-路薏絲・馮・法蘭茲（Marie-Louise von Franz），心靈工坊。

- 《榮格學派的歷史》（2007），湯瑪士・克許（Thomas B. Kirsch），心靈工坊。

- 《榮格解夢書：夢的理論與解析》（2006），詹姆斯・霍爾（James A. Hall），心靈工坊。

# 中西詞彙對照

## A

Aberdeen　亞伯丁

Agra　阿格拉

Aion　艾翁

Albert Eid　阿爾伯特・伊德

Albumasar（Abu Mashar）阿爾布馬紮

Amenophis　阿蒙諾菲斯

Andrea Dykes　安德里亞・戴克斯

Apologetic Institute for Roman Catholic　羅馬天主教護教院

Artis Auriferae　《製造黃金的藝術》

Attis　阿提斯

August Forel　奧古斯特・弗雷爾

Aurora Consurgens　《曙光乍現》

## B

Baden　巴登

Barbara Hannah　芭芭拉・漢娜

Barrie　巴厘

Baudouin　鮑德溫

Beatrice M. Hinkle　比阿特麗絲 M・欣克爾

Belfast　貝爾法斯特

Bergson　柏格森

Bernheim　伯恩海姆

Biritish Medical Journal　《英國醫學雜誌》

Bremgarten　伯倫加登

B. Subramnya Lyer　B・薩布瑞納・艾耶

Bürgerrecht　公民

Burgholzli　伯格霍茲里

## C

C. A. Meier　卡爾・阿爾弗雷德・邁爾

Campbel College　坎貝爾學院

Cerne abbas　塞納阿巴斯

Chataputri　嘎達普特列

Christina Alberta's Father　《克莉絲蒂娜・阿爾伯特的父親》

Codex Bezae　伯撒抄本

Coleridge　柯勒律治

Cologne　科隆

Corpora Quadrigemina　四疊體

## D

Damaskions　達馬斯康

Daniel　丹尼爾

D. Cappon　D・卡彭

déjà vu　似曾相識

De Resurrectione　《論復活》

De Senectute 《論晚年》

ding an sich 自在之物

Dionysius 狄奧尼修斯

Dorothea Wallis 桃樂西婭‧沃利斯

Dorset 多賽特郡

Drug Addiction Committee of the B. M. A 「毒品上癮委員會」

## E

E.Ashmole 阿什莫爾

Eckhart 艾克哈特

Edward Armstrong Bennet 愛德華‧阿姆斯壯‧貝納特

Einsiedeln 艾因西德倫

Elias Ashmole Esq 伊萊亞斯‧阿什莫爾‧埃斯克

Elijah 以利亞

Emanuel Swedenborg 伊紐曼‧斯維登伯格

Enantiodromia 物極必反

Enoch 《以諾書》

Erasmus 伊拉斯謨

Ernest Harms 歐尼斯特‧哈姆斯

Ernest Jones 歐尼斯特‧瓊斯

Eugen bleuler 尤金‧布雷勒

Evangelium Veritutis 《福音傳道》

Eveline Bennet 伊芙琳‧貝納特

exteriorised affects 外化作用

Ezekiel 《以西結書》

## F

Earl Alexander 亞歷山大伯爵

Ferenczi 費倫茨

Festschrift 紀念文集

Frey 弗賴

Fritz Boumann 弗里茨・鮑曼

folie à deux 感應性精神病

Forel 弗雷爾

Fowler Mccormick 福勒・麥考密克

## G

Galla Placidia 加拉・普拉西提阿

Gallen 加倫

Gamaliel 甘梅利爾

Geomancy 沙子占卜

Gerald Dorn 傑拉德・多恩

Greifensee 格里芬

Gotthard 戈特哈德

## H

Herbert Read 赫伯特・里德

Herbert George Wells 喬治・威爾斯

Hermann Göring 赫爾曼・戈林

Higher Criticism 《高等批判》

Hoernis 霍爾尼斯

Hosea 《何西亞書》

Hotel Bad 百德旅館

Hugh Circhton Miller 休・克萊頓・米勒

Hurwitz 赫維茨

Hutten 胡登

Hypnotism Sub-Committee of the British Medical Association 英國醫學協會催眠分會

## J

Jaffe 嘉芙

James Braid 詹姆斯・布雷德

Jean Martin Charcot 讓・馬丁・沙可

Jerome 傑羅姆

J. Grifmann J・格里夫曼

Jocasta 伊俄卡斯忒

John Raymond Smythies 約翰・雷蒙德・麥斯西斯

John Wallis 約翰・沃利斯

Jung Codex 《榮格抄本》

## K

kalahari 喀拉哈裡沙漠

Kanchenjunga 甘城章嘉峰

Kegan Paul 凱根・保羅

Kinship Libido 親屬力比多

Klak 克拉克

Kloten 克洛藤

Krafft-Ebing 克拉夫特・埃賓

kublai khan 忽必烈汗

Küsnacht 庫斯納赫特

Kyrios 主

## L

Lacedaemonians 古代斯巴達人

Laius 拉伊俄斯

Laufe 勞夫

Laurens Van der Post 勞倫斯・凡・德・普斯特

Le Matin 《晨報》

Leopold Stein 利奧波德・斯坦

Leyden 萊頓

Liébeault 利貝爾特

Lord's Prayer 《主禱文》

Lucerne 盧塞恩

Luther 路德

## M

Macdonald 麥克唐納

Mahdist 馬赫迪

Mahommed Ahmed 穆罕默德・艾哈邁德

Marianne Niehus 瑪麗安・尼修斯

Marie Louise Von Franz 瑪麗—路薏絲・馮・法蘭茲

Maudsley　莫茲利

Medical Sub-committee of the Archbishop of Canterbury's
Commission on Spiritual Healing　精神治療委員會醫學分會

Meiringen　邁林根

Michael Fordham　麥克‧福德

Milne Bramwell　米爾恩布拉‧姆韋爾

Mithraic　密特拉教

Moffat yard　莫法特‧亞德

## N

Naaman　納曼

Nag-Hamadi Gnostic Codex　納格—哈馬地諾斯替抄本

Nancy　南錫

Nath　奈斯

Northwest University Press　西北大學出版社

## O

Château-d'Oex　厄堡

Oliver Lodge　奧利弗‧洛奇

Origen　奧利金

Orson Welles　奧森‧威爾斯

## P

Pater Rudin　佩特‧魯丁

Pentateuch　《摩西五經》

Pierre Janet 皮埃爾・賈內

Pierre Teilhard de Chardin 皮埃爾・泰亞爾・德・夏爾丹

Pilatus 皮拉圖斯山

Pilgrimage 《朝聖》

Pope Pius XII 教宗庇護十二世

privatio boni 善的缺乏

Poltergeist 吵鬧鬼

Psychology of the Unconscious 《無意識心理學》

Pueblo 普韋布洛

puer aeternus 永恆少年

Purchas 帕切斯


## R

Rapperswil 拉珀斯維爾

Rascher 拉舍爾

Raymond 雷蒙德

R. Cysat R・卡賽特

R. F. C. Hull R・F・C・赫爾

Rhine Falls 萊恩・福爾斯

Ridley Hall Cambridge 劍橋瑞德利堂

Riklin 瑞克林

Rockliff 洛克利夫

Rolf Hofer 羅爾夫・霍非

Rorschach 羅夏奇

Routh 勞斯

Royal Bethlem　伯利恒皇家醫院

Ruth Bailey　露絲・貝利

## S

Salpêtriére　薩博特學派

Sanctus　聖三頌

Sargans　薩苷斯

Schaffhausen　沙夫豪森

Schmerikon　施梅里孔

Schmid　施密德

Seestrasse　西斯特拉斯

Seif　塞弗

Siegfried　齊格菲

Society of Analytical Asychology　分析心理學社

Stafa　斯塔法

St. Jerome　聖・傑羅姆

Strandbad　斯特蘭德巴德

Studien zur Analytischen Psychologie C.G.Jung　《榮格分析心理研究》

sub specie aeternitatis　從永恆的角度看

sunmmum bonum　至善

Sybil　西維爾

Symbols of Transformation　《轉化的象徵》

Syzygy　朔望

# T

Tabula Smaragdina 翠玉錄

Tavistock Clinic 塔維斯托克診所

The Symbolic Life 《象徵的生活》

The Haus Schiff in Herrliberg 赫里堡希夫莊園

The Tenth International Medical Congress for Psychotherapy 第十屆國際心理治療大會

The World of Mr.Clissold 《克利索爾德先生的世界》

Theatrum Chemicum 《化學劇場》

Thomas Wallis 湯瑪斯・奧利斯

Thomas Wallis of Tonbridg 特洛布里治的湯瑪斯・奧利斯

Toni Wolff 托尼・沃爾夫

Tractatus Tripartitus ParsI 《邏輯學概論》

Trinity College 三一學院

Turin 都靈

# U

Ufenau 烏弗瑙

Upanishads 《奧義書》

Uster 烏斯特

# V

Vera Christina Religio 《真正的基督教信仰》

# W

Waldhaus Dolder  都勒大酒店

Walensee  瓦倫湖

Walther Niehus  沃爾特‧尼修斯

Wandlungen und Symbole der Libido  《力比多的轉化與象徵》

Weesen  韋森

Werner Niederer  沃納‧涅德勒

West EndHospital for Nervous Diseases  西區神經系統疾病醫院

What Jung Really Said  《榮格到底說了什麼》

William Michael Rossetti  威廉姆‧蜜雪兒‧羅塞蒂

William Temple  威廉‧坦普爾

Worshipful Company of Goldsmiths  虔誠的金匠公司

Wotan  沃旦

Wuppertal  伍波塔爾


# Y

York-Shire  約克郡

PsychoAlchemy 022

# 遇見榮格：1946-1961談話記錄

Meetings with Jung: Conversations recorded during the years 1946-1961
愛德華・貝納特（E. A. Bennet）—著
王一樑、李毓—譯

出版者—心靈工坊文化事業股份有限公司
發行人—王浩威　總編輯—王桂花
執行編輯—趙士尊　封面設計—黃怡婷　內頁排版—李宜芝
通訊地址—10684台北市大安區信義路四段53巷8號2樓
郵政劃撥—19546215　戶名—心靈工坊文化事業股份有限公司
電話—02）2702-9186　傳真—02）2702-9286
Email—service@psygarden.com.tw　網址—www.psygarden.com.tw

製版・印刷—中茂分色製版印刷股份有限公司
總經銷—大和書報圖書股份有限公司
電話—02）8990-2588　傳真—02）2990-1658
通訊地址—248新北市新莊區五工五路二號
初版一刷—2019年12月　ISBN—978-986-357-166-7　定價—360元

Meetings with Jung: Conversations recorded during the years 1946-1961
by E. A. Bennet
Copyright © Daimon Verlag, Einsiedeln, Switzerland
Complex This translation Copyright © 2019 by PsyGarden Publishing Co.

## ALL RIGHTS RESERVED

國家圖書館出版品預行編目資料

遇見榮格：1946-1961談話記錄 / 愛德華.貝納特(Edward A. Bennet)著；王一樑, 李毓譯.
-- 初版. -- 臺北市：心靈工坊文化, 2019.12
　面；　公分

譯自：Meetings with Jung: Conversations recorded during the years 1946-1961

ISBN 978-986-357-166-7(平裝)

1.榮格(Jung, C. G.(Carl Gustav), 1875-1961) 2.學術思想 3.心理學 4.傳記

170.189　　　　　　　　　　　　　　　　　　　　　108019274

# 心靈工坊 [PsyGarden] 書香家族 讀 友 卡

感謝您購買心靈工坊的叢書，為了加強對您的服務，請您詳填本卡，
直接投入郵筒（免貼郵票）或傳真，我們會珍視您的意見，
並提供您最新的活動訊息，共同以書會友，追求身心靈的創意與成長。

---

書系編號－PA022　　　　　　　　　遇見榮格：1946-1961談話記錄

姓名 _____　　是否已加入書香家族？ □是 □現在加入

電話（公司）　　　　（住家）　　　　　手機

E-mail　　　　　　　　　　生日　　年　　　月　　　日

地址 □□□ _____

服務機構／就讀學校 _____　　　職稱

您的性別—□1.女 □2.男 □3.其他

婚姻狀況—□1.未婚 □2.已婚 □3.離婚 □4.不婚 □5.同志 □6.喪偶 □7.分居

請問您如何得知這本書？
□1.書店 □2.報章雜誌 □3.廣播電視 □4.親友推介 □5.心靈工坊書訊
□6.廣告DM □7.心靈工坊網站 □8.其他網路媒體 □9.其他

您購買本書的方式？
□1.書店 □2.劃撥郵購 □3.團體訂購 □4.網路訂購 □5.其他

您對本書的意見？
封面設計　　　　　□1.須再改進　□2.尚可　□3.滿意　□4.非常滿意
版面編排　　　　　□1.須再改進　□2.尚可　□3.滿意　□4.非常滿意
內容　　　　　　　□1.須再改進　□2.尚可　□3.滿意　□4.非常滿意
文筆／翻譯　　　　□1.須再改進　□2.尚可　□3.滿意　□4.非常滿意
價格　　　　　　　□1.須再改進　□2.尚可　□3.滿意　□4.非常滿意

您對我們有何建議？

_____

_____

廣 告 回 信
台 北 郵 局 登 記 證
台北廣字第1143號
免 貼 郵 票

心靈工坊
[PsyGarden]

台北市106 信義路四段53巷8號2樓
讀者服務組　收

免　貼　郵　票　　　　　（對折線）

加入心靈工坊書香家族會員
共享知識的盛宴，成長的喜悅

請寄回這張回函卡（免貼郵票），
您就成為心靈工坊的書香家族會員，您將可以──

⊙隨時收到新書出版和活動訊息

⊙獲得各項回饋和優惠方案